精装版

在游戏中开发智力、激发潜能

智力游戏

刘晨◎主编

江西美术出版社
全国百佳出版单位

图书在版编目（CIP）数据

智力游戏 : 精装版 / 刘晨主编 . —— 南昌 : 江西美术出版社 , 2017.1（2021.11重印）
（学生课外必读书系）

ISBN 978-7-5480-5008-7

Ⅰ . ①智… Ⅱ . ①刘… Ⅲ . ①智力游戏—少儿读物 Ⅳ . ① G898.2

中国版本图书馆 CIP 数据核字 (2016) 第 259631 号

出品人：汤 华

责任编辑：刘 芳 廖 静 陈 军 刘霄汉

责任印制：谭 勋

书籍设计：施凌云 杨玉萍

江西美术出版社邮购部

联系人：熊 妮

电话：0791-86565703

QQ：3281768056

学生课外必读书系

智力游戏：精装版　　刘晨 主编

出版：江西美术出版社

社址：南昌市子安路66号　　邮编：330025

电话：0791-86566274

发行：010-88893001

印刷：三河市春园印刷有限公司

版次：2017年1月第1版

印次：2021年11月第3次印刷

开本：720mm×1020mm 1/16

印张：12

ISBN 978-7-5480-5008-7

定价：58.00元

　　"游戏之于少年儿童，犹如母乳之于婴儿"，有游戏的生活，是少年儿童回归天性的生活，也是有灵性的生活。游戏可以帮助孩子以自己的方式主动探索，从而在游戏中自由、愉快、积极、主动地发展。游戏和学习对于少年儿童而言，都是不可或缺的，而智力游戏则可以将二者完美结合。做智力游戏题是锻炼思维能力、提升智力的有效办法之一。

　　今天，全世界聪明的孩子都在做着各种各样有趣的智力游戏，无限地开拓自己的思维和潜能。在课余时间玩玩拼图形、移火柴、摆棋子、填数字和画线、推理、想象、计算等各种游戏，既能玩得开心，又能受到有益的启迪；既能把课堂上学到的知识运用到游戏当中，又能使课堂上学到的知识得到相应的补充。在游戏的过程中，你需要大胆地设想、判断与推测，需要尽量发挥想象力，突破固有的思维模式，多角度、多层次地审视问题，将所有线索纳入你的思考。通过完成书中的游戏，你会发现自己的思维能力得到了全面的开发，观察分析力、想象创造力、注意记忆力等各方面都得到了极大的提升。

　　本书精选了300多道世界经典智力开发训练题，包括数字游戏、图形游戏、观察分析游戏、逻辑与推理游戏、文字游戏，分角度培养和提高读者的各项能力，如空间感知、图形辨识、创造想象、逻辑推理、比较归纳、观察判断、语言、记忆、专注等，一个个精心设计的智力游戏题，能充分调动孩子的脑细胞活力，帮助其清除思维障碍，转换思维方式，开发深层潜能，让孩子在思考中收获快乐，越玩越聪明，越玩越开心！

　　书中设置的题目由易到难，能满足不同程度的学生的需要。此外，还穿插了一些趣味小插件，如"脑筋转转转""益智笑话""找不同"及整页漫画等，充分调动学生的阅读兴趣。本书的参考答案不只告诉孩子最终的结果，还详细解析了答题过程，比同类图书更实用。全书运用生动的语言、可爱俏皮的插图与孩子们产生近距离的互动，让他们在解题的同时，IQ嗖嗖上涨，各种能力嗖嗖增强，同时还获得了审美的愉悦。当然，本书不会让孩子陷入枯燥的题海中去，而是帮助孩子获得随时随地"边学边玩"的乐趣。

　　翻开本书，即将开始一场头脑风暴，而合上书，你已经历了一次超值的智慧之旅。你更擅长哪一类智力游戏？谁是最聪明的学生？大家来比比看！你的朋友有没有拿很有趣的智力题难为过你？读了这本书，你"回报"他的机会来了！选几个智力游戏题去考一考他吧，当他抓耳挠腮、费尽心思也无法解答的时候，你便可以从容不迫地炫下自己的学识了。

MU LU

目录

Chapter 2 第二章 数字游戏

Chapter **3** 第三章
趣味文字

Chapter 4 第四章 逻辑与推理

参考答案

第一章
图形游戏
1

图形游戏

1 微笑的脸

　　花几秒钟看看这张女人微笑的脸，然后再把书上下翻转，你会有惊人的发现。请指出图中的2处错误各是什么？

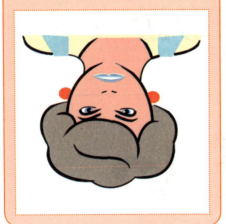

2 消失的图形

　　为了考验你的眼力，请你仔细看下面这张图，想想看，它是什么？

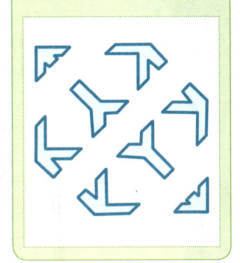

3 找不同

　　下面两张图非常相像，但并不完全相同。你能找出这两张图的11处不同吗？

4 不合适的选项

哪个选项不能由左图折叠而成？

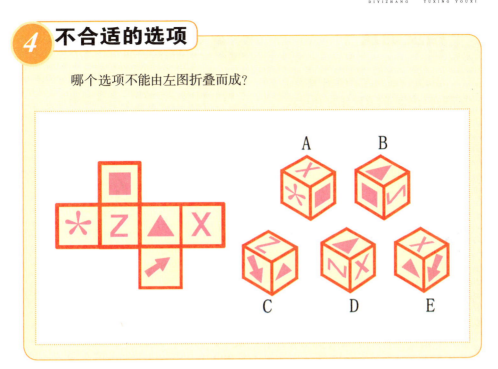

5 找错误

下图中有一个错误，请找出来。

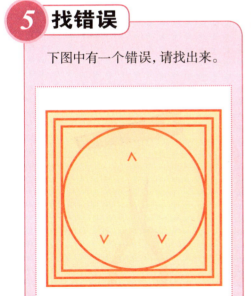

6 6分月牙

用两条直线可以把状若月牙的图形分为6部分。你来试试吧。

7 相反的房子

移动一根火柴，使图中房子的朝向与原来的方向正好相反。

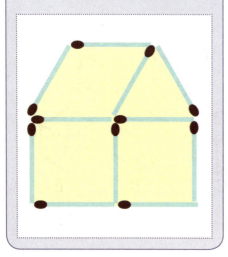

8 拼成整圆

下面四幅图中只有两幅图能够恰好拼成一个整圆，是哪两幅？

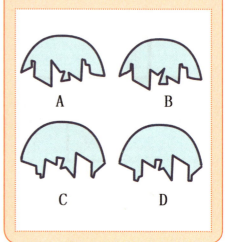

9 判断物品

下面5种物品中，哪一种物品与其他4种不一样？

10 硬币

用4根火柴组成一个头朝下的玻璃杯，并且在旁边放一枚硬币。想想看，不移动硬币，用什么方法能够只移动两根火柴就把硬币放在玻璃杯中呢？

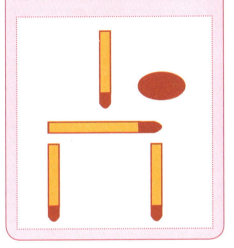

11 几只小鸟

数数图中有几只小鸟。

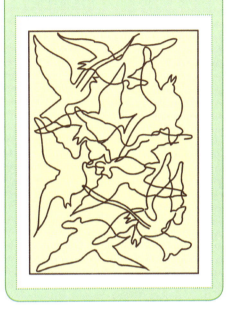

12 相同的图案

下面几幅图案中，有几幅与小方格内的图案是相同的？把它们找出来。

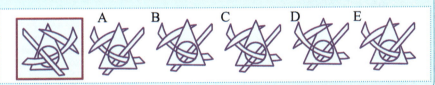

A　B　C　D　E

13 添加六边形

先用12根火柴摆一个正六边形,再用18根火柴在里面摆6个相等的小六边形,你知道应该怎么摆吗?

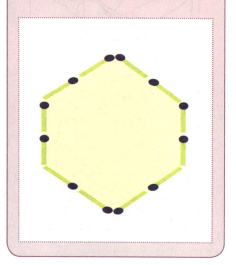

14 重摆图形

用12根火柴再拼一个图形,使它的面积是下面这个图形的3倍。

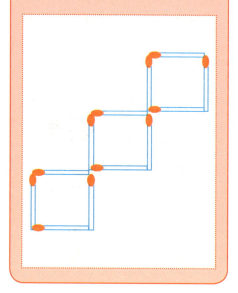

15 上下颠倒

由10个圆圈排成一个三角形,你能否只移动其中的3个,就让这个三角形上下颠倒呢?

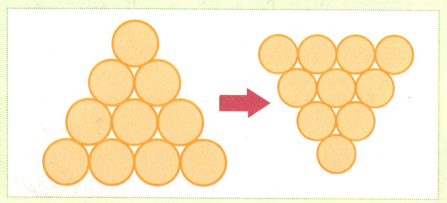

16 移棋子

　　这里有4×4排棋子（如下图），每排都以一蓝一白的方式排列，现在有人想把这16颗棋子分成蓝的一排，白的一排，而不是一蓝一白。请问在不能增减棋子数目的情况下，他最少要移动几颗棋子才能完成？

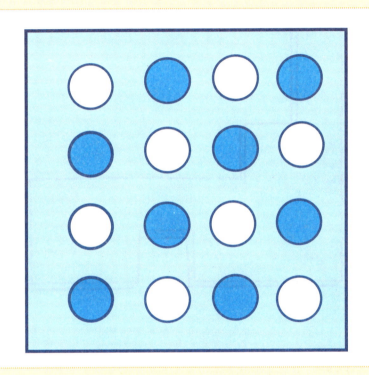

17 不同的箭头

　　找出下面五个箭头中与众不同的一个。

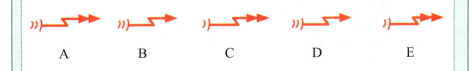

| A | B | C | D | E |

18 拼成长方形

想个办法把这块形状不规则的木板切成两块，然后把它们拼成一个3乘5的长方形，而且不需要翻面。

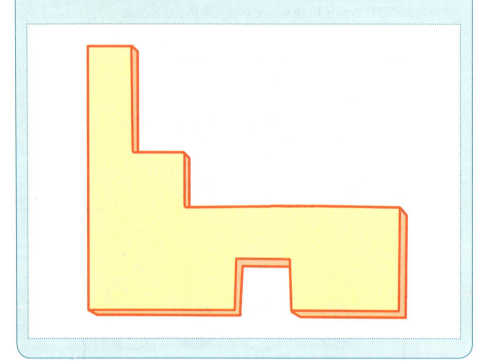

19 数袋鼠

下图中共有多少只袋鼠？

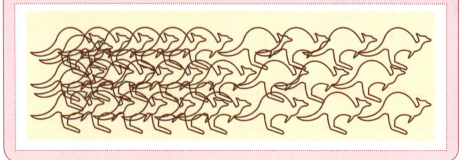

20 小船变梯形

请移动4根火柴，把小船变成3个梯形。

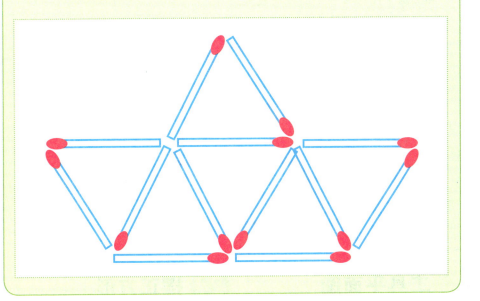

21 等腰梯形

如果要你用30根火柴组成9个小梯形，并且让这9个小梯形组成一个等腰梯形，你能做到吗？

益智笑话

小丁写的作文：学校修了新房子，我们都感到成了新人。真喜欢那个大操场，至少可以容纳50头水牛。（老师批语："新人"有专门的意思，操场是给人活动用的，不是给牛修的。）

22 面积大小

用两根火柴将9根火柴所组成的正三角形分为两部分。请问①和②两个图形哪一个面积比较大？

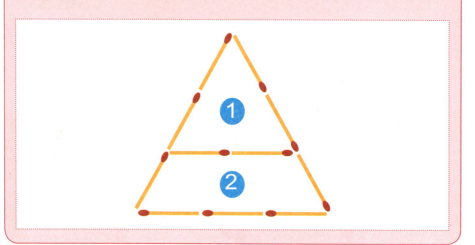

23 工具平面图

下面这张图里有哪7件工具的平面图？

24 摆正方形

谁都会用12根火柴摆出3个正方形,但分别用11根、10根火柴摆出3个正方形,你会吗？

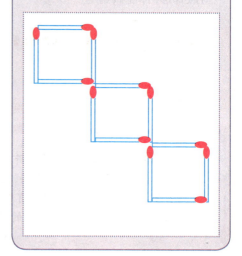

25 拼成正方形

你能在下面两个图形上只剪一刀，然后将它们拼成一个正方形吗？

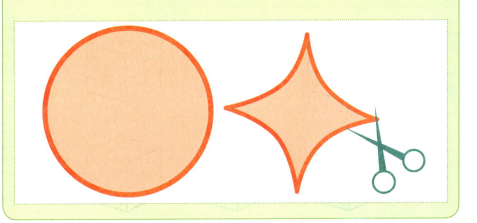

26 特别的蝴蝶结

下面几个蝴蝶结哪一个与众不同呢？请找出来。

27 保持值不变

在下图中增加3根火柴，使得结果仍为100。

$$123 - 45 - 67 + 89 = 100$$

28 同一立方体

同一种图案不可能在同一立方体的两个以上表面同时出现。看一看，下面哪个图与其他5个图不属于同一立方体？

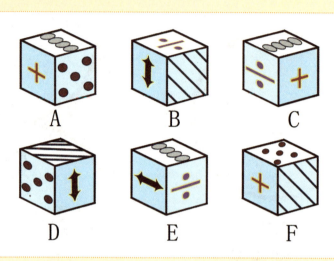

29 观察正方形

观察下列图形，其中哪一项与示例有相同特点？这一特点是什么？

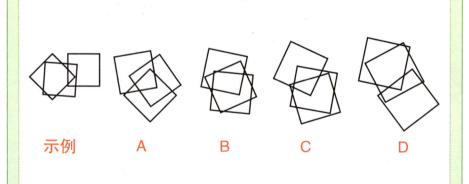

30 巧变正方形

下图是用20根火柴组成的5个正方形,怎样移动其中的8根,让其变成由7个正方形组成的图案?

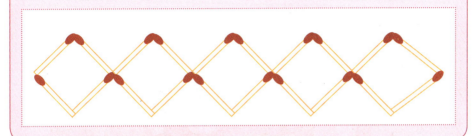

31 牙签组成的正方形

用35根牙签按图中所示摆成回形,现在移动其中的3根,以组成3个正方形。

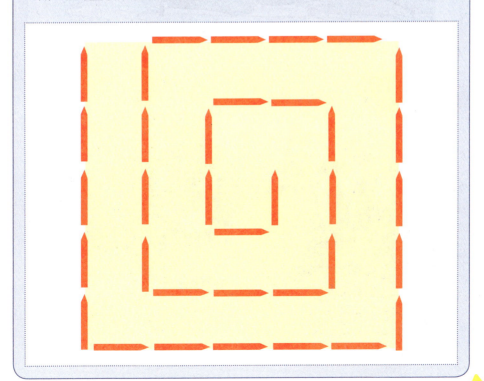

32 找不同

下面两幅图有9处不同，请试着找出来。

33 拼火柴

下图是一个用35根火柴组成的围墙。请你在围墙内挪动4根火柴，以拼成4个封闭的大小不一的正方形。

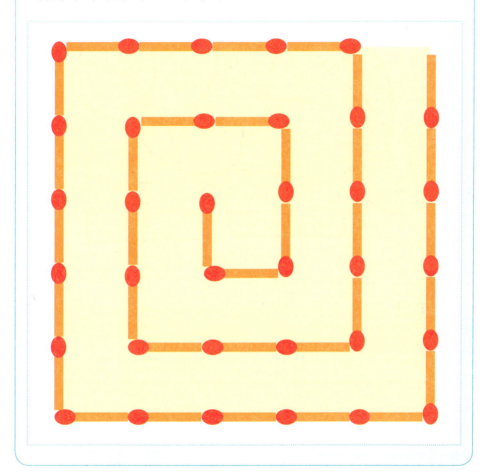

脑筋急转弯

猫头鹰招待客人，喜鹊是喜鸟，被称为喜客；燕子是益鸟，被称为益客，乌鸦应被称为什么？

答案：黑客。

34 相同的形状

图中大象由17块拼板组成,图中哪4对的形状是相同的?

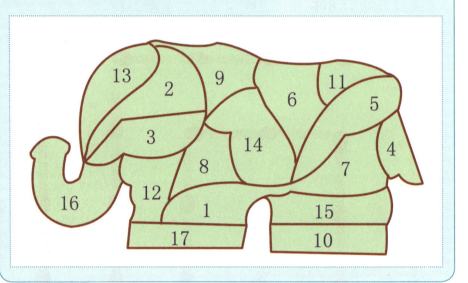

35 均分

你能只用3条直线把下图中的10个圆平均分成5份吗?

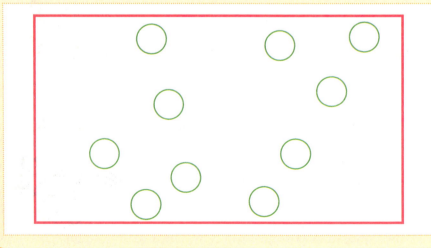

36 画出正方形

如下图所示，25个点整齐排列，连接其中的一些点可以画出正方形。那么，到底能够画出多少个面积不等的正方形呢？

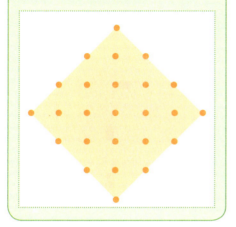

37 花序排列

图中，这一花形序列的下一个应是什么样子？

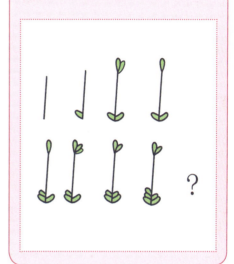

38 相同图形

仔细观察下面的图，哪些小方格中的图形相同。

39 用火柴分园地

小星家的后院有一块园地（如下图所示），爸爸让他用7根火柴把园地分成形状和面积都一样的3块，他该怎么办呢？

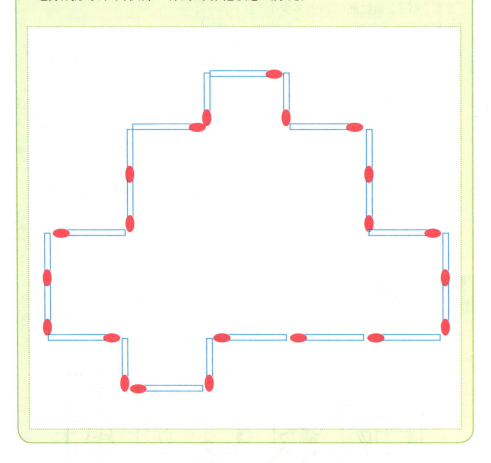

40 变等式

小丽动了哪一根火柴,使得原先成立的等式变成这个样子呢?

41 一笔画出的图案

　　下面这6幅图中有一些是可以一笔画出来的,有一些是不能一笔画出来的。你能判断出哪些图能一笔画出来,哪些图不能一笔画出来吗? 要求是不能重复已画的线。

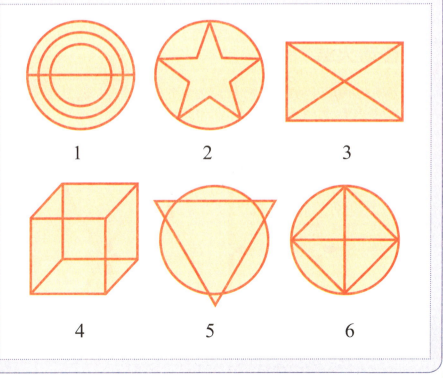

1　　　　2　　　　3

4　　　　5　　　　6

42 反向运动的鱼和猪

请你移动最少的火柴，分别满足以下要求：

(1) 让猪往反方向走。

(2) 让鱼往反方向游。

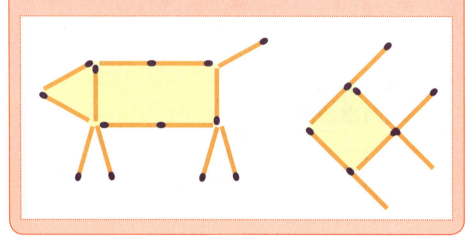

43 移动火柴

移动正方形图中的3根火柴，把4个正方形变成3个正方形；移动三角形图中的3根火柴，把3个三角形变成5个三角形。

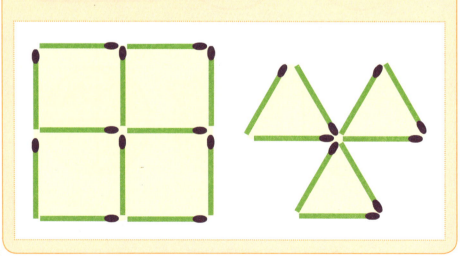

44 谁能到达

甲、乙、丙3人分别沿3条不同的路出发,谁能最终到达目的地呢?

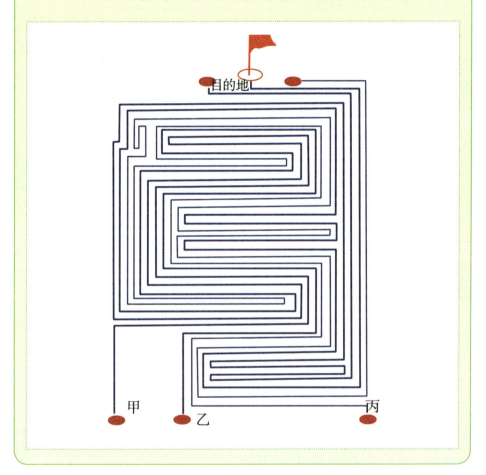

45 等式变换

下面是一道两步的算式，你能移动其中一根火柴，让这个两步的算式变成一个一步的等式吗？

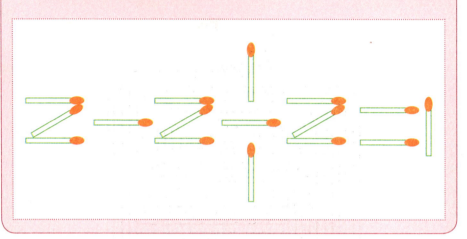

46 越变越少

下面是一个用12根火柴组成6个正三角形的图形，你能用14根火柴，分别使图中正三角形的个数为7、6、5吗？

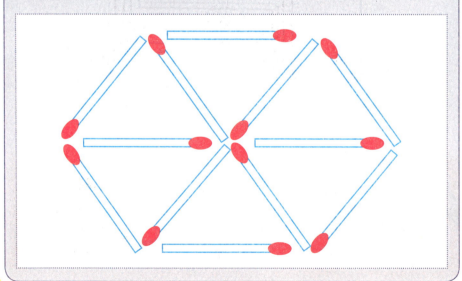

47 找不同

下面两幅图有6处不同，请试着找出来。

48 变正方形

下图是由火柴组成的5个正方形，请你只移动其中的2根，把正方形的个数变成4个。

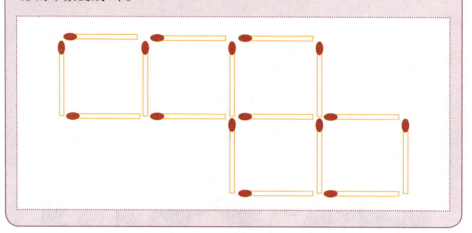

49 让等式成立

下图是由火柴组成的一个不成立的等式，只给你一根火柴，添上去，使之成立，你会做吗？

50 画五环

奥运会五环标志，你可以用一笔画出来吗？

51 跳棋游戏

跳棋是我们经常玩的游戏,那么你数数看,下图的跳棋棋盘上一共有多少个圆圈?

52 变三角形

你能在下面这个图形上加一条线,使其变成两个三角形吗?

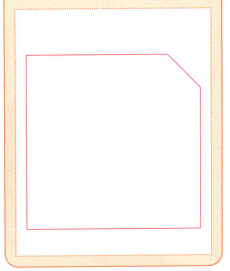

53 三种方式变等式

如果让你用三种方式移动算式中的一根火柴,使算式成立,你会吗?

25

54 找不同

下面两幅图有8处不同，请试着找出来。

55 画图案

　　下图每个方格中有1个图案，请你根据已画出的6个图案的变化规律画出其他3个图案。

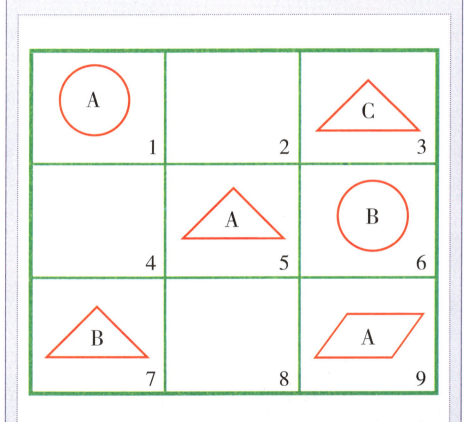

56 巧移动火柴变等式

下面是两个不成立的算式，你能每题只移动一根火柴，使它们成立吗？

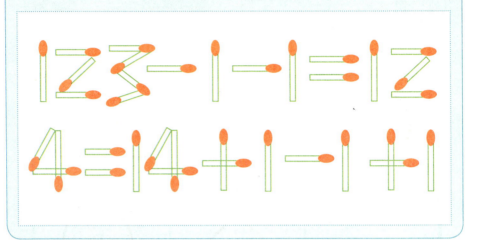

57 画中画 I

仔细看，从不同的角度看，这幅画可不是普通的画，你都发现了什么？

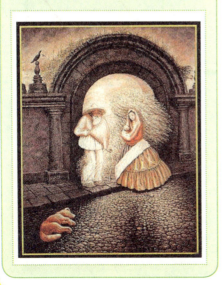

58 画中画 II

仔细观察下图，能看到一个特别的画面。你发现了吗？

59 菱形的增加

你能每移动2根火柴，就增加一个菱形，并连续5次直到变成8个菱形吗？

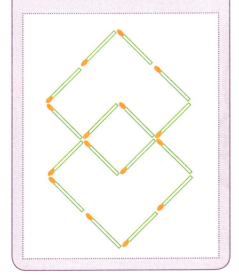

60 三角形的变换

下面是用16根火柴组成的图形。你有办法拿走其中的4根，让这个图形变成4个大小相等的三角形吗？

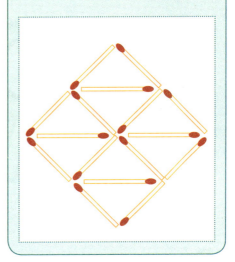

61 一分为四

把一个长方形分为完全一样的四个图形，你能分出四种以上的图案吗？

62 妙取B字

A、B、C是用坚硬的金属制成的。如果不损坏A、B、C，又不剪断绳索，怎样才能取下B字？

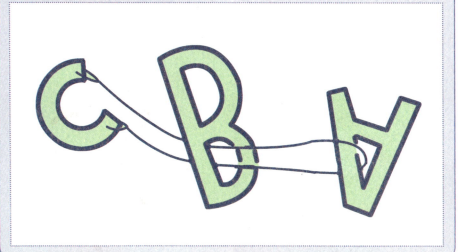

63 看图形

仔细盯着下面的图，看看它是一个螺旋吗？

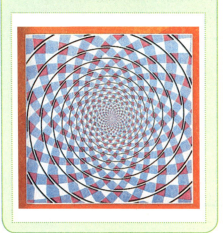

64 看图找人物

有一个人藏在这张图中，你能找出来吗？

65 妙手变字

在每个字上移动一根火柴，把它们变成另一个字。

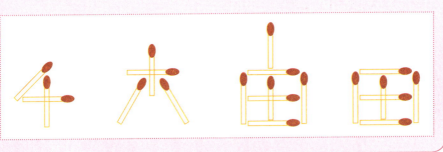

66 方格内的偶数游戏

下图的16个方格内，各有一根火柴，现在从中拿走6根，使得每行、每列的排列数仍然是偶数，你能做到吗？

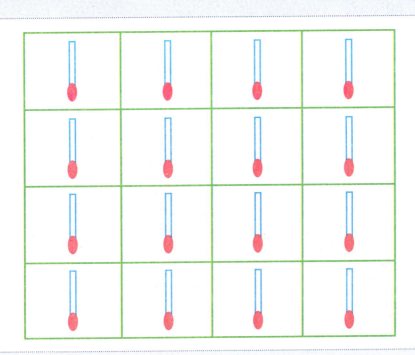

67 巧摆正方形

用12根火柴可摆出1大4小的5个正方形。变换一下，看你有没有办法摆出2大3小的5个正方形。

68 母鸡下蛋

一只母鸡想使每条直线（包括横、竖和斜线）上的鸡蛋不超过两个，它最多能在蛋格子里下几个蛋？你能在表格中标注出来吗？图中已经有两个下好的鸡蛋，因而不能再在这两个位置的对角线上下蛋了。

69 找不同

下面两幅图有6处不同，请试着找出来。

70 中国结变红十字

约翰用36根火柴拼成了一个由13个小正方形组成的类似中国结的图案。约翰让杰克拿走其中的4根，去掉5个正方形，同时保证，十字的图案不变。杰克用了很长时间也没做出来。你能帮他完成吗？

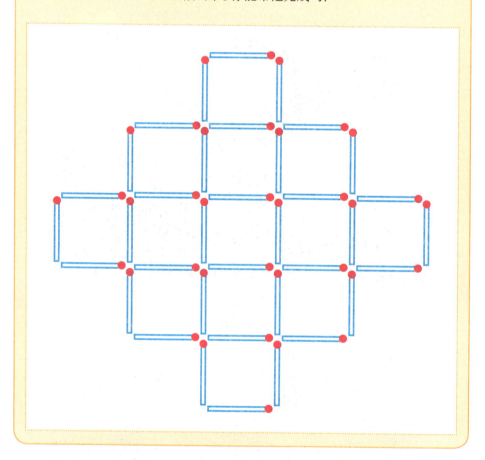

71 平均分

把下面的图形分成两个面积相同的图形, 你能做到吗?

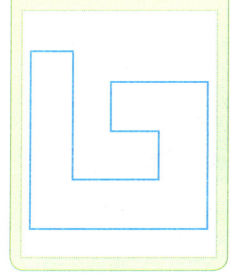

72 透视魔法

把8张同样大小的正方形纸片叠在一起, 只有标号为"1"的那张纸片能被全部看见, 其余的7张纸片都只能看到一部分, 你能把手中的纸片按标号从小到大的顺序摆放成图中的样子吗?

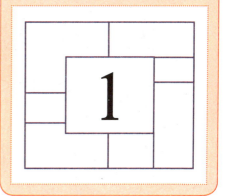

73 制作模型

你能用一张长方形的纸制作一个如下图所示的纸模型吗? 可以在纸上剪3个直线切口, 但纸模型不能用胶粘, 也不能用曲别针固定。

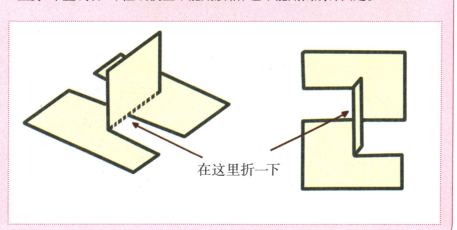

在这里折一下

74 找不同

下面两幅图有8处不同，请试着找出来。

75 千变万化

　　用18根火柴组成9个全等三角形，如果分别拿掉1、2、3直至5根，就会依次变成8、7、6直至4个全等三角形，你能做到吗？

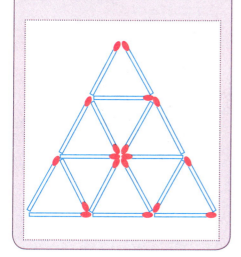

76 不同形状的图形

　　不考虑大小，你能数出下图中共有多少种不同形状的图形吗？

77 楼梯上的方形板

　　一家宾馆要在一楼大厅的正中间修建一个楼梯。楼梯有19级，每一级的两端都要镶嵌雕花方形板。问共需要多少块方形板？

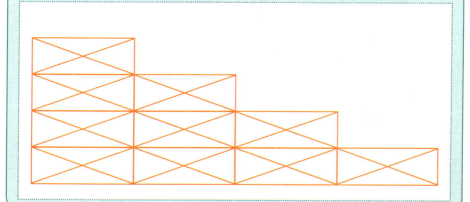

78 巧妙变图

U型的玻璃管中,灌入水和两个乒乓球,如甲图。试问在水和球都不可漏到玻璃管外的情况下,如何使甲图变为乙图?

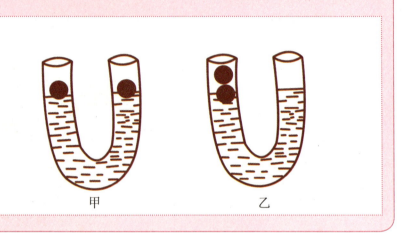

甲   乙

79 问号图形

仔细观察前面3幅图,然后思考问号位置的图形应该是A、B、C、D中的哪一个。

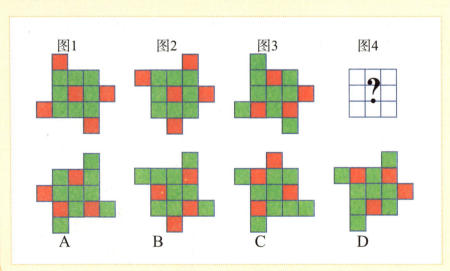

图1   图2   图3   图4

A   B   C   D

80 9点相连

依照下图画出9个点，然后开动脑筋，只用4条相接的线段(一笔)，将9个点连接起来。

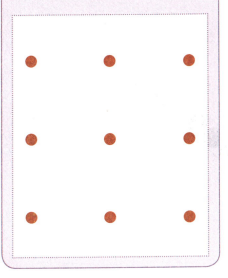

81 巧分"工"字

下图的"工"字是由面积相等的小方块组成的，怎样把它切分成4个面积和形状都相同的图形?

82 改建球门

用14根火柴可搭成一间由3个四边形和2个正三角形组成的房子。现在给你9根火柴，让你摆出一个球门，你应该怎样做呢?

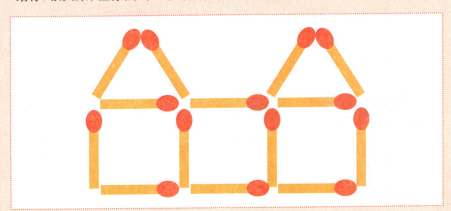

83 取黑球

一段透明的两端开口的软塑料管内有11个大小相同的圆球，其中有6个是白色的，5个是黑色的(如下图所示)。整段塑料管的内径是均匀的，一次只能让一个球勉强通过。如果不先取出白球，又不切断塑料管，那么用什么办法才能把黑球取出来?

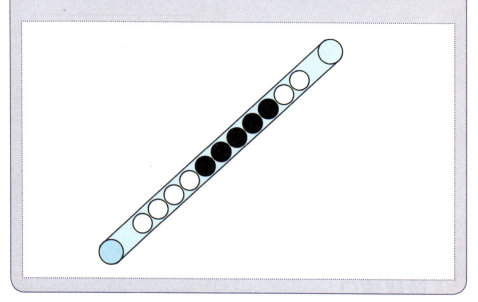

84 图案盒子

A、B、C、D4个选项中的哪一个盒子是用左边的硬纸折成的?

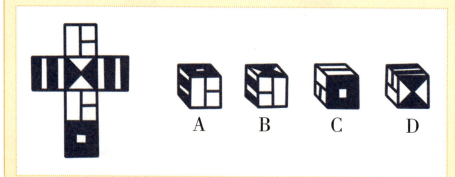

85 黑圆点不见了

这是世界上最简单的问题,这个问题只要用一双眼睛就可以解决。请将下图中的黑圆点消失,但黑三角不能消失。不要用手或任何工具遮住或者涂改掉黑圆点。

86 视觉幻象

下图中只有一支箭的箭尾和箭头是相配的,请你找出来。

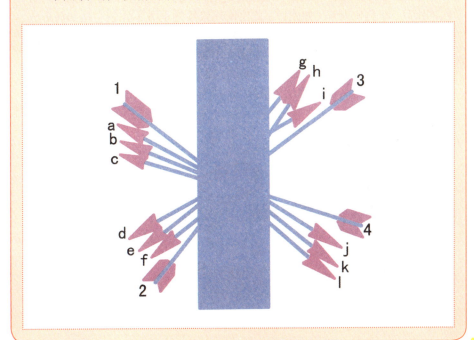

87 摆长方形

准备12根火柴,你能不能用它们分别摆出下面两种长方形?
(1)任何一边的火柴数目之和为5。
(2)纵横各三排,每一排的火柴数目之和都是4。

88 奇怪的莫比斯环

　　拿出一张长纸条,将其中一端反转之后,再把两端连接固定,形成转折1次的纸环,即莫比斯环(如图1)。莫比斯环最妙的地方不在于它是如何形成的,而在于它在不断的裁剪中,变化无数,令人倾倒。

　　先把转折1次的纸环沿着纸条宽度的1/2处剪开(如图所示),这样会形成一个有两倍长度、转折2次的纸环(如图2)。接下来把转折1次的纸环沿宽度的1/3处剪开。等分后,会出现什么情况呢? 请先仔细思考,然后再自己实践。

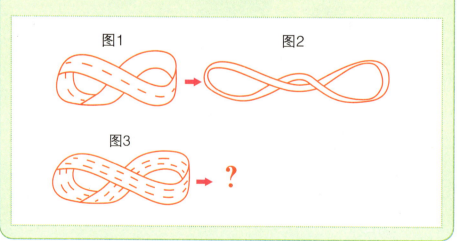

图1　　　　图2

图3

89 变出正方形

下图是用24根火柴排成的一大一小2个正方形，移动火柴使其变成3个正方形。你会吗？

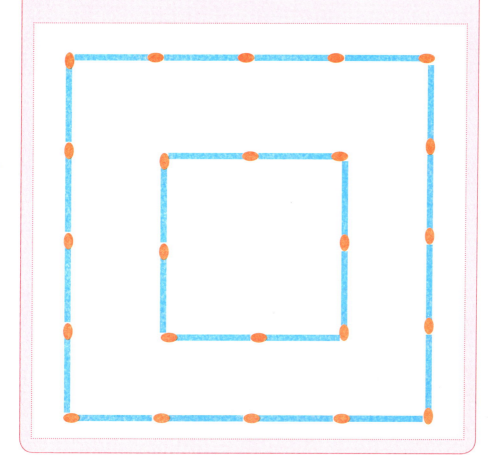

90 画 图

请一笔画出下面的图形。

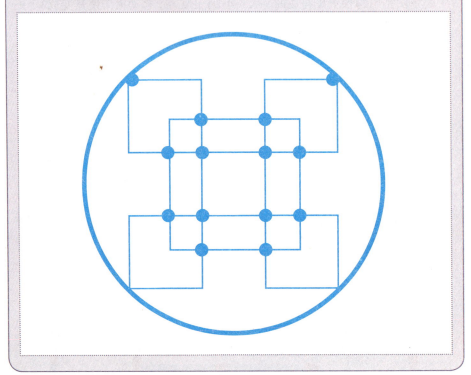

91 滚落的黑球

下图中所有的弧线都是固定的，问黑球朝箭头所指方向滚下，会落在什么地方？

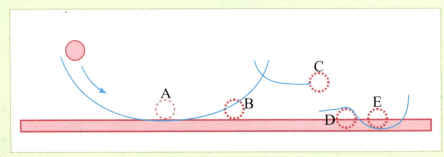

92 微调等式

在下面的等式中移动一根火柴，使等式结果保持不变。

$$35+62+7-5=99$$

93 连星星

下面有4颗摆放得很不规则的星星，你能用一个正方形将它们连在一起吗？

94 狗的足迹

下图中有4条狗,分别在A、B、C、D4个位置上。这4条狗分别跑到了E、F、G、H4个点上,但它们的足迹没有交叉,你能画出这4条狗的足迹吗?

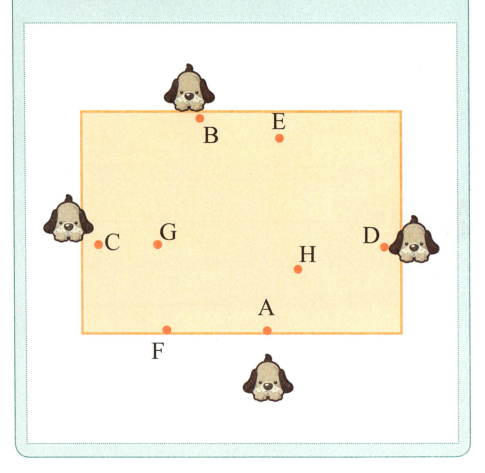

95 百变玻璃

一所教堂在许多窗户上安装了有色玻璃。其中有一个窗子的形状如图（2）所示，装了8块形状如图（1）所示的彩色玻璃。现在想把这些玻璃拆下来，改装在一个长方形的窗户上，你说能不能用这8块玻璃正好组成一个长方形玻璃呢？

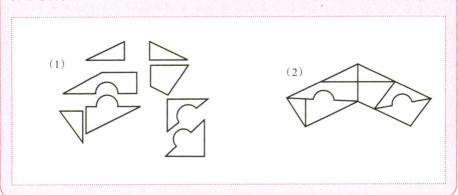

（1）　　　　　　　　　　（2）

96 小岛有多大

如图所示，阴影部分是太平洋上一座不知名的小岛，如果每个小方框的面积为一个单位，你能说出这座小岛的面积有多少个单位吗？

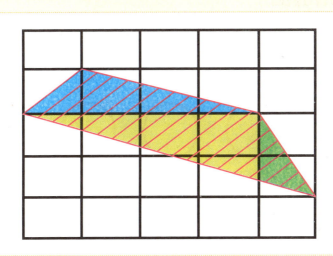

97 数长方形

请数一数下图中一共有多少个长方形。

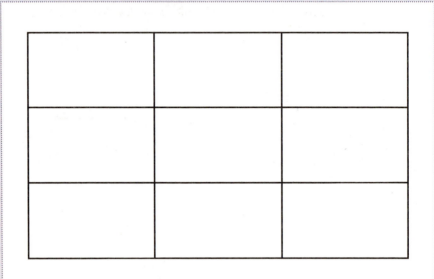

98 巧摆圆圈

下图中有10个圆圈，现在要求每条线上有4个圆圈，你能用3种方法分别排出来吗？

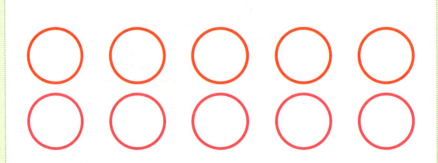

第二章
数字游戏 2

数字游戏

1 方格填数

请把2、3、4三个数字分别填进方阵的9个方格中，让每一行和每一列的总和都相等。

2 兔子

妞妞家养了很多兔子，现在知道，她家有8只灰兔子和1只黑兔子，另外养的白兔子占兔子总数量的55%，那么她家至少养了多少只兔子？

3 等式

将1~9这9个数字，不重复，不遗漏，填入下列算式中的□内，使等式成立。

$$\square\square \div \square = \square\square \div \square = \square\square \div \square$$

益智笑话　儿子："爸爸，你帮我改一下这篇作文吧！"爸爸："那怎么行？我对写文章一窍不通，怎么能帮你的忙？"儿子："你骗人，人家都说你摆摊卖水果时总是在秤盘上做文章。"

4 填符号

在问号处填入"+"或"−"，从而使上下两部分的计算所得值相等。

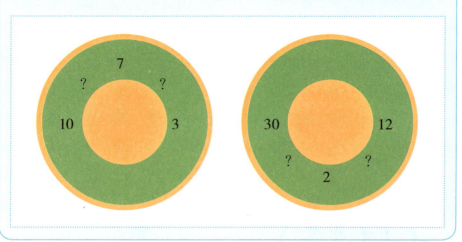

5 填数字

格子中的每种符号都代表一个数值，你能算出它们分别代表的数值以及问号部分应当填入的数字吗？

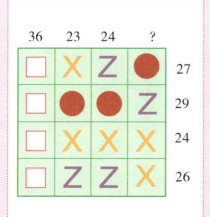

6 创意算式

下面有6组4个数字"5"，你能写出4个数字"5"组成的得数是1~6的算式吗？

注：+、−、×、÷和（　　）均可以使用。

1=5 5 5 5
2=5 5 5 5
3=5 5 5 5
4=5 5 5 5
5=5 5 5 5
6=5 5 5 5

7 分香蕉

甲、乙、丙3人凑钱买了16根香蕉，然后3个人根据各人掏钱的多少分这16根香蕉。甲比乙多分2根，丙比甲少拿3根。那么，甲、乙、丙各分到多少根香蕉？

8 爬楼梯

小珍匀速从一楼爬楼梯去10楼用了72秒钟的时间，那么照这样的速度，她从1楼爬到4楼需要多少时间？

9 4个自然数

有4个自然数，它们的和是14。如果把它们填入下列4个括号内，其计算的结果相加仍然是14。你能把这4个自然数找出来吗？

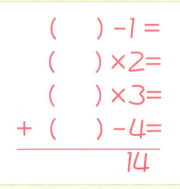

$$(\quad) - 1 =$$
$$(\quad) \times 2 =$$
$$(\quad) \times 3 =$$
$$+ (\quad) - 4 =$$
$$\overline{\qquad 14}$$

10 青蛙

如果35只青蛙在35分钟里捉了35只苍蝇，那么在94分钟里捉94只苍蝇需要几只青蛙呢？

11 方框填数字

图中9个方框组成四个等式,其中三个是横式,一个是竖式。你知道如何在这9个方框中填入1~9这9个数字,使得这四个等式都成立吗?注意:1~9这9个数字,每个只能填一次。

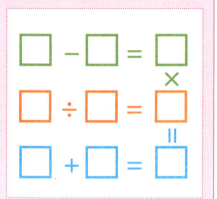

12 数字组合

从下面数字中随便找出3个数字组成一个号码,但其中任意2个数字不能来自同一行或同一列。判断哪组号码能被3除尽。这样选择的号码无法被3除尽的可能性有多少?

$$\begin{matrix} 4 & 8 & 6 \\ 7 & 2 & 3 \\ 1 & 5 & 9 \end{matrix}$$

13 推断数字

你先看看图中数字之间的关系,再填出三角形中的数。

3　5　8　12　17　?

14 烤 饼

有一种烤锅一次只能烤两张饼,烤一面所需要的时间是1分钟。你能在3分钟的时间里刚好烤3张饼吗?注意:饼的两面都需要烤。

15 找硬币

12枚硬币,包括1分、2分、5分,共3角6分。其中有5枚硬币是一样的,那么这5枚一定是几分的硬币?

16 思维算式

老师在黑板上写了1~9这9个阿拉伯数字,要求用这9个数字组成3个算式,每个数字只能用一次,而且只能用加号和乘号。你能列出来吗?

1 3 6 4 2 5 7 8 9

17 动物价格

如果7只企鹅=2头猪,1只企鹅+1只鸟=1头猪,1头猪+1只鸟=1条狗,2头猪+5只企鹅=2条狗,4匹马+3条狗=2只鸟+8头猪+3只企鹅。已知企鹅的值为2,那么狗、马、鸟和猪的值分别为多少?

18 相同的数字

在以下的立方体中,哪两个面上的罗马数字相同?

19 3个数

有3个不是0的数的乘积与它们的和是一样的,请问这3个数是什么?

$$X \times Y \times Z = \boxed{}$$

$$X + Y + Z = \boxed{}$$

20 不同的数字

你能找出下面圆圈中与其他数字不同的数字吗?

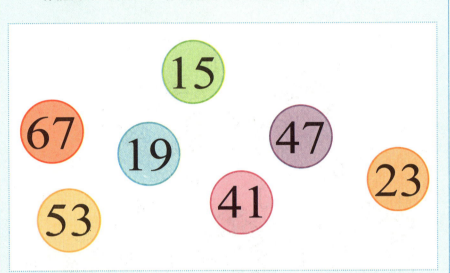

21 巧分苹果

要把100个苹果分别装在6个大小不一的袋子里,每只袋子里所装的苹果数都是含有数字6的数。请你想一想:在每只袋子里各放多少个苹果?

22 丝带的长度

一根丝带长40米,将它对折剪断,再对折剪断。请问第三次对折剪断后,每根绳子长多少米?

23 相同的时刻

在一个12小时计时的电子表的显示时间中，连续3个或者3个以上相同数字排列的现象，一天可以出现多少次？

24 轮胎的寿命

跑长途运输的司机要出发了，他的车是三轮车，轮胎的寿命是2万千米。现在他要进行5万千米的长途运输，计划用8个轮胎就完成运输任务，怎样才能做到呢？

25 空缺的数

根据下列数字的排列规律，写出问号位置的数。

1 3 6 10 15 ? 28 36

26 套圈

用线圈套数字，如果套中的数字之和正好是50，就可以得大奖，随便你套多少次。请问应该怎么套？

25　30　27

21　15　19　12

6　3　9

27 巧妙填空

将下面的算式补充完整。

28 4个4

用4个"4"列出得数为1、2、3、4、5的5个算式。

$$4 \quad 4 \quad 4 \quad 4 = 1$$
$$4 \quad 4 \quad 4 \quad 4 = 2$$
$$4 \quad 4 \quad 4 \quad 4 = 3$$
$$4 \quad 4 \quad 4 \quad 4 = 4$$
$$4 \quad 4 \quad 4 \quad 4 = 5$$

29 下蛋

如果10只鸭子在10天内可以下10枚蛋。那么，需要多少只鸭子才可以在100天内得到100枚蛋？

30 适当的数

相邻两个○中的数字之和为中间□中的数字,请将适当的数字填入○中。

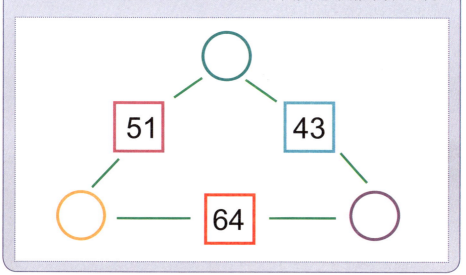

31 奇特的生日

　　某年过生日时,数学家加利特别兴奋,因为从该年元旦数到该日的天数乘以他的年龄刚好是11111。假设该年不是闰年,那么请问加利多少岁?他的生日是哪一天?

32 列算式

　　请你按照9、8、7、6、5、4、3、2、1的顺序,在这9个数字的每两个数字之间适当地添加上+、-、×、÷等运算符号,列出一道算式,使其答案等于100。

9 8 7 6 5 4 3 2 1 =100

33 和为99

把9、8、7、6、5、4、3、2、1这9个数按照顺序用加号连起来，使它们的和等于99。（数字可以连用）

9 8 7 6 5 4 3 2 1

34 表格的奥秘

表格中的数字有一定的摆放规律。请你找出规律，并求出A、B、C的值。

12	21	A
B	13	19
20	16	C

35 缺少数字

仔细看下图，请补充问号处应填的数字。

2	5	7
4	7	5
3	6	?

36 快速计算

如果A×B=12，B×C=13，C×D=14，那么，A×B×C×D=?

37 合适的数字

从下图中找出规律，然后将问号所代表的数字写出来。

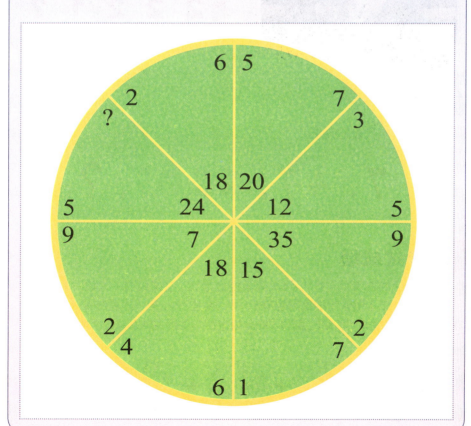

智力游戏·精装版
ZHILI YOUXI JINGZHUANGBAN

38 老爷爷和鹦鹉

　　路上走着7个老爷爷，他们每个人的手中都拿了7根拐杖，每根拐杖上都挂了7个鸟笼，每个鸟笼里都装了7只鹦鹉。那么一共有多少只鹦鹉呢？

39 计算数字

　　请写出问号所代表的数字。

0	2	3	2	4
5	0	3	7	8
2	4	3	9	9
2	2	2	1	?

40 趣味数学

写出问号所代表的数字。

3，7，47，2207，？

41 考试成绩

　　某中学在高考前夕进行了4次数学摸底考试，考试成绩一次比一次好：第一次得80分以上的学生的比例是70%；第二次是75%；第三次是85%；第四次是90%。请问在这4次考试中，都得了80分以上的学生所占的百分比至少是多少？

◔ + ◔ + ◔ + ◔ = **?**

62

42 阶梯等式

请计算出以下各算式的结果。

$0×9+1=$

$1×9+2=$

$12×9+3=$

$123×9+4=$

$1234×9+5=$

$12345×9+6=$

$123456×9+7=$

43 迈克的小船

迈克和吉米乘坐一只小船逃离小镇，这只小船在顺水行驶的时候，每分钟可以走1千米，但在逆水行驶的时候，要4分钟才能走1千米。那么在平静的水面上，他们走1千米需要花费多少时间呢？

44 移数字

请移动下面等式中的数字（只能是数字，但不能将数字对调，也不能移动符号），使等式成立。

$$101-102=1$$

益智笑话

有个小学生在日记中这样写道："在我还没蹦过极的时候，我觉得我的人生很不完整，但在我蹦过极后……我的人生更不完整了！"

45 分苹果

幼儿园买来一筐苹果，准备发给小朋友们。

如果分给大班的小朋友每人5个苹果，那么还缺6个。如果分给小班的小朋友每人4个苹果，那么还余4个。已知大班比小班少2位小朋友，请问这一筐苹果共有多少个呢？

46 填入数字

你能找出下图中数字的排列规律，并且指明问号部分应当填入的数字吗？

5	3	8	7
12	15	49	56
3	9	4	12
18	27	36	?

47 填空

根据规律找出问号部分应当填入的数字。

4	× 3 +	8
=		÷
5		2
−		+
?	× 7 ÷	11

48 最大的整数

如果+、−、×、÷分别只能用一次，那么这几个数字中间分别应添加什么符号，才能使下面这个算式得出最大的整数答案？（可以使用一次小括号）

$$4 \quad 2 \quad 5 \quad 4 \quad 9 =$$

49 九宫格

这是一个比一般数字游戏难一点的数字游戏，不仅要求每一行、每一列和每一个九宫格里必须包含1到9这9个数字，而且还要求在两条主对角线上必须包含1到9这9个数字。

9			3			4		5
7	4				2		3	
			6				1	
	1		8		6			
4	9						8	3
			4		1		9	
	2				9			
	7		1				6	9
1		9			3			7

50 巧填数字

下面这个数列的最后一个数字是什么?

1 3 2 6 4 12 8 24 ?

51 "3"的趣味计算

在下列10则算式中添上四则运算符号或括号,使等式成立。

(1) 3 3 3 3 3=1
(2) 3 3 3 3 3=2
(3) 3 3 3 3 3=3
(4) 3 3 3 3 3=4
(5) 3 3 3 3 3=5
(6) 3 3 3 3 3=6
(7) 3 3 3 3 3=7
(8) 3 3 3 3 3=8
(9) 3 3 3 3 3=9
(10) 3 3 3 3 3=10

52 菱形中的计算

从下图中的菱形上尖端的数字开始,顺时针方向经过6道加、减、乘、除运算,最后得数为9。请在数字间填上相应的加、减、乘、除符号。

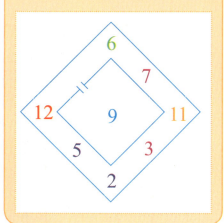

脑筋急转弯

狗冲着男孩狂叫,绅士安慰男孩说:"别怕,有句谚语说'会叫的狗不咬人'。"可为什么男孩听了仍害怕?

答案:因为男孩不知道那只狗是否也懂得这句谚语。

53 排列规律

请你找出下面两行数字的排列规律，并根据规律找出"?"所代表的数字。

A 1 5 10 50 100 ? ?

B 3 8 23 68 ?

54 填恰当的数字

问号处应填什么数字？

55 填充数字

你能根据规律算出问号部分应当填入的数字吗？

6	2
18	

8	7
84	

12	4
?	

56 推断数字

请根据数字排列规律,推断问号部分应当填入的数字。

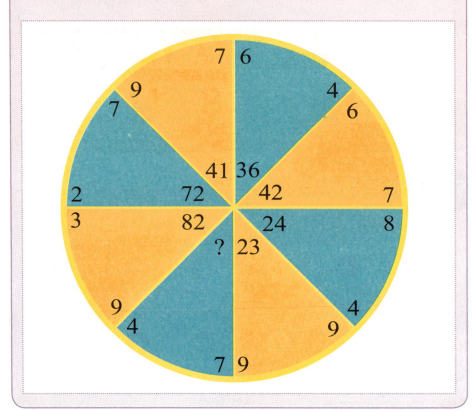

57 恢复等式

下面的数字是一个等式,但是这个等式中的所有加号和减号都被擦去了,并且其中有两个数字实际上是一个两位数的个位和十位。你能让这个等式恢复到正确的形式吗?

1 2 3 4 5 6 7 8 9 = 100

58 在正方形角上填数字

根据规律找出最后一个正方形的问号部分应当填入的数字。

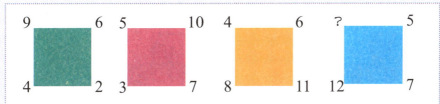

9   6   5   10   4   6   ?   5

4   2   3   7   8   11   12   7

59 脚上的数字

你能找出下图中数字的排列规律，并指出脚上部分应当填入的数字吗?

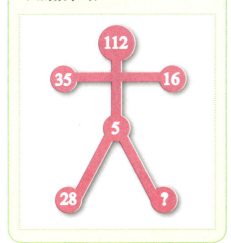

60 奇特数式

在下图的这些圆里填入相同的数字，使等式成立。

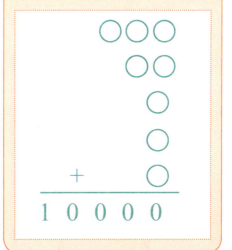

1 0 0 0 0

李老师看完苗苗的作文后，对苗苗说："看着你的作文，怎么老想打瞌睡呢?"苗苗眨巴着眼睛说："那是因为我的作文是我一边打着哈欠，一边写的呀!"

61 填入图形

你能找出图形的排列规律，并指出问号部分应当填入的图形吗?

62 填数字

请根据规律找出问号部分应当填入的数字。

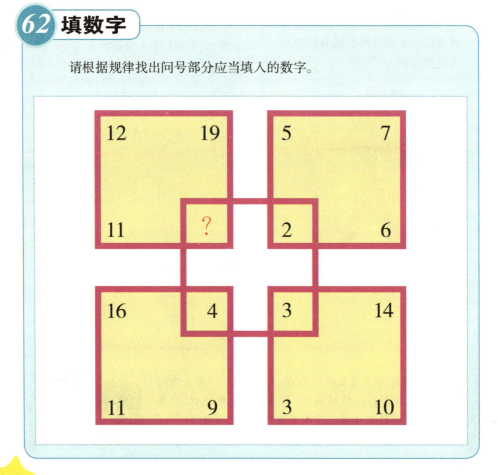

63 数字摆放规律

观察图中数字的摆放规律，求A、B、C的值。

64 问号是几

你能根据规律写出问号部分应当填入的数字吗?

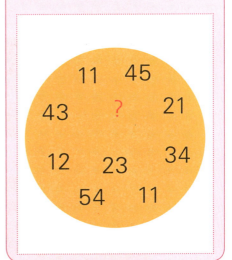

65 古怪的算式

如果知道12×8+2=98，123×8+3=987，你能在下面的括号中填入合适的数字使等式成立吗?

$$(\quad) \times 8 + (\quad) = 9876$$

$$(\quad) \times 8 + (\quad) = 98765$$

$$(\quad) \times 8 + (\quad) = 987654$$

$$(\quad) \times 98 + (\quad) = 9876543$$

$$(\quad) \times 8 + (\quad) = 98765432$$

$$(\quad) \times 8 + (\quad) = 987654321$$

66 补充数字

格子中的数字按照5、6、4、7、3、8、2、9、1的顺序排列，有些由字母替代，你能找出其中的规律并将缺失部分补充完整吗？

6	G	B	6	2	G	F	5
5	D	3	9	D	I	3	4
1	F	7	H	A	7	1	H
9	E	4	C	2	5	C	E
2	A	6	G	8	I	F	8
8	I	5			B	1	4
3	B	1			H	9	E
7	H	9	E	4	C	2	A
4	C	2	A	6	G	8	I
6	G	8	I	5	D	3	B
A	D	3	B	1	F	7	H
H	5	7	H	9	E	4	C
6	2	F	C	2	A	6	G
8	D	I	4	8	I	5	D
A	B	7	1	G	B	1	F
F	5	9	C	E	3	9	E

67 三角形中的数字

下图中的每种颜色都代表一个小于10的数字，请根据规律找出问号部分应当填入的数字。

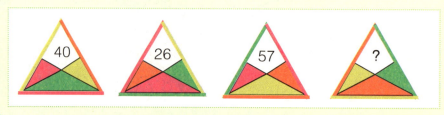

72

68 滑动链接

在滑动链接谜题中，你需要从纵向或者横向连接相邻的点，形成一个独立的没有交叉或分支的环。数字代表围绕它的线段数量，你知道没有标数字的点可以被任意几条线段围绕吗？

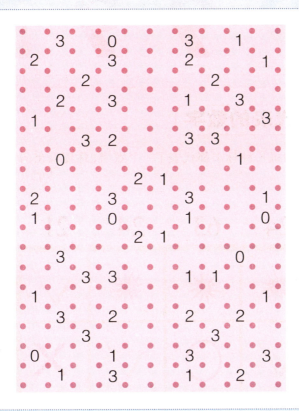

69 最大的9

想一想，用3个9所能写出的最大的数是什么？

9 9 9 ?

70 问号代表的数字

格子中的每一种标志都代表了一个数字，你能算出问号所代表的数字吗？

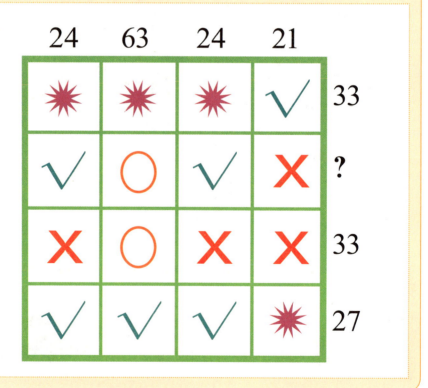

71 补充缺失的数字

　　格子中的数字从右上角开始逆时针地按照9、4、8、3、7、2的顺序排列。你能根据规律将缺失部分的数字补充完整吗？

		2	7	3	8	4	9			2	7	3	8	4	9		
9	9									2	7	3	8	4	9		
4	4	3	8	4	9												
8	8	7				2	7	3	8	4	9						
3	3	2				4	9										
7	7				8	7	3	8	4	9					2		
2	2				3	2									7		
					7	3											
					2	8											2
															4	7	
9	9																3
4	8																
8	9						4	8	3	7	2						4
3	9						4	8	3	7	2						9
7	9			4	8	3	7	2									
2	9						4	8	3	7	2						

益智笑话

　　作文本发回来了，阿光看后愤愤不平地说："为什么我会被打一个大叉？这太不公平了！都什么时代了，古人可以写光阴似箭，为什么我就不能写光阴似炮弹？"

72 趣味填数

请在括号中分别填入1、2、3、4、5、6这6个数字，使之成为3道等式。

$$21 × (\quad) 8 = (\quad) 218$$

$$81 × (\quad) 3 = 18 (\quad) 3$$

$$79 × (\quad) 3 = 3 (\quad) 97$$

73 猜斜边

在一个直径为60厘米的圆上，放着大小不同的4块直角三角板。你能在1分钟内算出这些三角板的斜边长多少厘米吗？

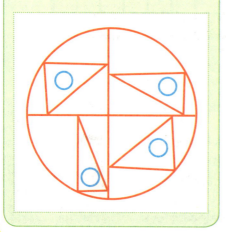

74 奇妙6圆阵

下图中有6个大圆，圆上有9个交点。把1~9这9个自然数，分别填入小圆内，使每个大圆、小圆周上的4个数字之和都等于20。

75 另类的数字

下面圆圈中哪个数是特殊的?

76 找出规律填数字

77 凑整数

$$482+63+18+37=(\qquad)$$

A.400　　B.406　　C.508　　D.600

78 问号处填数字

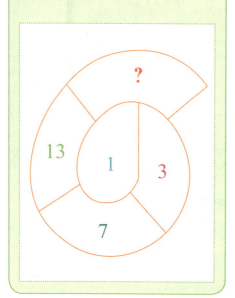

79 数字游戏

在每一行、每一列以及数字方块的2条对角线上，都包含了1、2、3、4几个数字。在这个数字方块里，已经标示了部分数字。你能根据这一规律把方块填写完整吗？

脑筋急转弯

3个孩子问妈妈想要什么生日礼物，妈妈说只想要3个听话的孩子。可为什么孩子们都惊讶地大叫了起来？

答案：他们以为妈妈又有小孩子了。

80 等 式

你是否能在下列算式中加上一对括号,使之成为正确的等式?

$$1 - 2 - 3 + 4 - 5 + 6 = 9$$

81 排数字

排列1~18这18个数字,使得任意对称的一对数字之和都等于19。其中3对数字已经放好了,你能摆好剩下的数字吗?

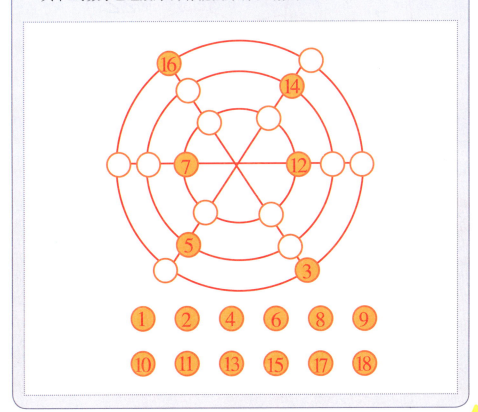

82 补充数字

你能找出下图的数字排列规律,并推断出问号部分应当填入的数字吗?

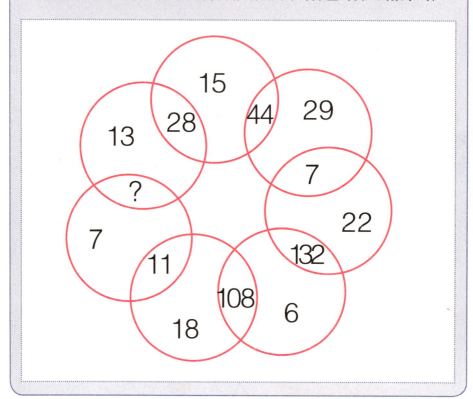

83 加符号

在下面数字中添加上运算符号,使得数等于50。

1	2	3	4	5	6	7	8	9	= 50
1	2	3	4	5	6	7	8	9	= 50
1	2	3	4	5	6	7	8	9	= 50

84 爬 墙

有一只蚂蚁从墙根往墙头爬。墙高10米，它白天向上爬3米，夜间又滑下2米，请问它几天才能爬到墙头？

85 掰玉米

爸爸给小良出了一道题：一只猴子每分钟可以掰3根玉米，如果有3只这样的猴子在一个果园里，5分钟它们可以掰多少根玉米呢？小良怎么也想不出来，你能帮帮他吗？

86 巧求和

$3×99+8×99+4×99+8+7=($ 　　　$)$

A.1500　　　B.3855　　　C.3866　　　D.3822

益智笑话

诚诚在写一篇介绍老师外貌的作文时，本应该写"老师有一张瓜子脸"，他却写成"老师有一张爪子脸"，当老师让他念作文的时候，全班同学都笑翻了。

87 再次相遇

在一个赛马场里，A马1分钟可以跑2圈，B马1分钟可以跑3圈，C马1分钟可以跑4圈。请问：如果这3匹马同时从起跑线上出发，几分钟后，它们又会相遇在起跑线上？

88 趣味算术

有一个奇怪的三位数，减去7后正好被7除尽；减去8后正好被8除尽；减去9后正好被9除尽。你知道这个三位数是多少吗？

89 A是多少

从以下算式中，你能判断出A是什么数字吗？

$$A \times A \div A = A$$
$$A \times A + A = A \times 6$$
$$(A + A) \times A = 10 \times A$$

90 奇特的数

有这样一个数，它乘以5后加6，得出的和再乘以4，之后加9，然后再乘以5，得出的结果减去165，最终得出的结果的最后两位数遮住就回到了最初的数。你知道这个数是多少吗？

$$[(? \times 5 + 6) \times 4 + 9] \times 5 - 165 = ?$$

第三章
趣味文字
3

地大物博
大
精
入浅出
深
上

趣味文字

1 数学和汉字的关系

下面各题分别打一汉字,你都能猜出来吗?

A. 30天÷2

B. 72小时

C. 24小时

D. 左边九加九,
右边九十九

2 巧添汉字

"一、二、三、五、七、千",请你在这几个汉字的基础上各添上同一个字,使之成为另外6个字。

一   二

三   五

七   千

3 组 字

在括号中填一个字,使得这个字与括号外面的字分别组成一个新的字。

古（　　）巴

答案：它们两个都出的是钳子。

4 用"口"组字

请你说出由1~10个"口"各能组成哪10个字,比如一个"口"是"口",3个口是"品"。

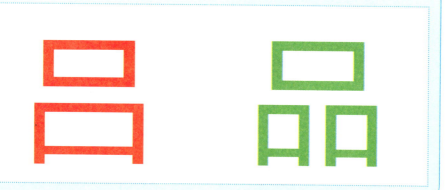

5 填汉字

在下图中的空白圆圈内填入一个适当的汉字,使之与左右的字都能组成一个新的汉字。

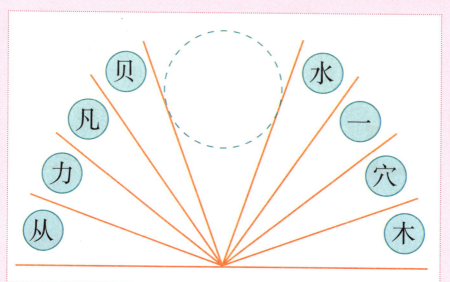

6 "十"字加笔组字

除了一个"十"字,你能在其余每个"十"字上添上两笔,使其组成13个新的汉字吗?

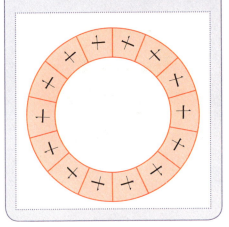

7 "人"字加笔组字

在16个"人"字上,分别添上两个笔画,使它们变成另外16个字,你行吗?

8 巧拼新字

在"比、办、另、叮、句、权、同、合、奴、呆、汪、鸣、具、咯"这14个字中,将每个字都添个"十"字,就会拼出新字,请你试一试。

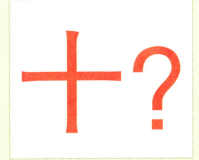

9 电报暗语

公安机关截获一封犯罪分子的密电。该电文如下:"吾合分昌盍(hé)旮垄(lǒng)聚鑫(xīn)。"你能破解这封密电吗?

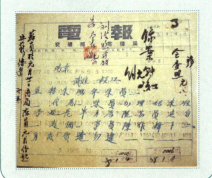

10 "二"的妙用

语文老师在上课时出了一道很特别的题目,要求大家将下面16个方格中的每个"二"字加上两笔,使其组成16个不同的字。你也试一试吧!

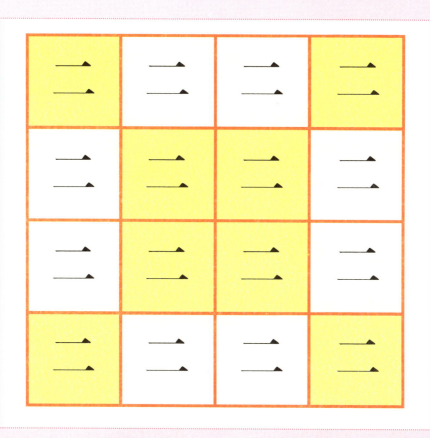

87

11 进门填字

在"门"字内加字可以组成新字,这样的字有很多,试着填填下面的空格吧。

"才"字进门( )双眼, "活"字进门摆( )气

"口"字进门( )声好, "日"字进门站中( )

"市"字进门看热( ), "一"字进门把门( )

"马"字进门别乱( ), "虫"字进门去( )南

"王"字进门是( )年, "圭"字进门是( )房

"耳"字进门听新( ), "兑"字进门( )报刊

12 汉字新解

汉字中有一类是会意字,从这些字的构字成分就可大致看出其意义所在。下面有一些趣解汉字的题目,你都能填出来吗?

例: 汗:由水组成,总会有干的时候。

① _____:新东西用过一日就成了旧的。

② _____:翻过两座山,总会找到出路。

③ _____:力被困在穴里,怎能不穷。

④ _____:进门阅读就能获得知识。

⑤ _____:有了铁就失去了金。

⑥ _____:无论是施恩还是报恩,都因有颗善心。

13 看图连线

请用线将左面的4幅春夏秋冬图与右面相匹配的成语连接起来。

| 莺歌燕舞 |
| 天寒地冻 |
| 鸟语花香 |
| 骄阳似火 |
| 天高云淡 |
| 白雪皑皑 |
| 烈日炎炎 |
| 五谷丰登 |

14 组字画

这幅画是由6个字组成的。这6个字可以组成一句富有哲理的格言,你能找出来吗?

15 趣味填字

横向

1.梅艳芳演唱的歌曲。2.金庸小说《倚天屠龙记》中的一个人物。3.国内一份综合类文摘杂志。4.由日本偶像山口百惠、三浦友和主演的电视连续剧。5.能使物像产生奇异的变形效果的镜子。6.由周杰伦、黄秋生、桂纶镁等主演的电影。7.一种男式帽子，一般用6块黑缎(duàn)子或绒布连缀(zhuì)制成。8.著名相声大师马三立表演的一个相声段子。9.作曲家冼(xiǎn)星海的一部代表作。10.法国著名化妆品牌之一。11.《水浒传》中的一位女英雄。12.西班牙的一个足球俱乐部。

纵向

一、炎帝和黄帝的后代。二、陈奕迅演唱的歌曲。三、台湾女子组合S.H.E演唱的歌曲。四、英文缩写AI的中文意思。五、我国的一个省会城市。六、刘若英演唱的歌曲。七、相声的四门技巧。八、即时战略游戏《魔兽争霸》中不死族的作战单位。九、易卜生的一部剧作。十、产于新疆的一种优良甜瓜，味甜，果实大。十一、以烹饪为职业的人。十二、英格兰著名足球运动员。十三、一种带有颜色的眼镜。

	二		六		八		十一	
1			四			2		十三
				3				
4						十5		
		三6		七				
						7		
一					九			
9			五	8			十二10	
11				12				

16 只要哪个字

　　有一位农民在路口卖西瓜，他在西瓜堆上立了一张纸牌，上面写了6个大字：此地出卖西瓜。有一位赶马的人看了纸牌后对他说："你用不着写那么多字，少写两个完全可以。"卖瓜的农民觉得非常有道理，就去掉了两个字。又一个摇扇的人路过，看了纸牌上的字说非常啰（luō）唆（suō）。于是，农民又去掉了两个字。又过了一会儿，又有一个戴眼镜的人对他说只要一个字就行了，于是卖瓜人又去掉了一个字。最后，纸牌上只有一个字了，但丝毫没有影响到生意。

　　请问：农民每次去掉的字是什么？

　　老李的马居然把老张的象吃掉了，这是怎么回事？

答案：他们在下象棋。

17 趣味填字

横向

1.指生物体不断用新物质代替旧物质的过程。2.陈奕迅的一首歌,首句是:如果那两个字没有颤(chàn)抖。3.张祜(hù)《何满子》中的诗句,其下句为"深宫二十年"。4.形容突然出现转机。5."歇后语小葱拌豆腐"的后半句。6.《红楼梦》中的男主人公。7.《水浒传》中武松醉打蒋门神之地。8.辛弃疾的一首词的词牌名,其中有两句为"醉里吴音相媚好,白发谁家翁媪(ǎo)"。

纵向

一、指因尽情说出要说的话而感到畅(chàng)快。二、大陆男明星,曾主演《汉武大帝》《京华烟云》《大宅门》等连续剧。三、常指不安心,不专一。四、旧时称"望远镜",也比喻能分辨遥远物体的能力。五、台湾男歌手,代表曲目有《一剪梅》《梦驼铃》等。六、唐代诗人贾岛的名句,下句为"霜刃未曾试"。七、由管弦乐队演奏的大型乐曲,通常由四个乐章组成。

18 趣味填字

横向

1.上海著名的商业街之一。2.周杰伦演唱的歌曲。3.严凤英、王少舫主演的一部黄梅戏电影。4.王勃诗《送杜少府之任蜀州》中的一句。5.羽·泉组合中的一个歌手。6.小说《水浒传》中蒋敬的绰号。7.赵文瑄、徐帆主演的电视连续剧。8.名句"欲穷千里目，更上一层楼"出自哪首诗？9.香港女艺人，曾主演电影《花好月圆》《天生一对》等。10.毛里求斯的首都和最大的海港。11.央视的一个脱口秀节目。12.一种生活在南极大陆的动物。13.成语，用良马带领群马。比喻以贤能者领导众人。14.美国最大的通讯社，国际性通讯社之一。

纵向

一、世界著名服装品牌，英文名为Dunhill。二、根据林语堂先生的一部小说改编成的电视连续剧。三、我国男子篮球名将，曾效力于美国NBA新泽西网队。四、美国国防部的代称。五、我国的一个直辖市。六、骆宾王创作的一首诗。七、李保田主演的一部古装电视连续剧。八、古代的一种流刑，把罪犯押送到边远地方当兵或服劳役。九、某国货币对外汇的比价。十、唐诗《登幽州台歌》的作者。十一、林俊杰演唱的一首歌曲。十二、维吾尔族传说中的一个智慧人物。

19 填空接龙

请你在空格里填入合适的字，以组成一组成语接龙。

一	敷			急	智	
手	不	生	之	足		龙
遮	遮	入		打	出	活
	直		志	疏		
昏	驱	不	瞑		其	落
地		天	久	中	尽	平
	无	天		无		

20 趣味填字

横向

1.成语,形容乐而忘返或乐而忘本。2.羽·泉演唱的一首歌曲。3.日本著名女影星,后因结婚而退出影坛。4.一家出售化妆品及小百货等的小型连锁超市。5.台湾男歌手,曾演唱歌曲《我是一只小小鸟》等。6.成语,比喻死守经验,不知变通。7.刘德华演唱的一首歌曲。8.西汉著名文学家。9.为奴隶主劳动且没有人身自由的人。10.指只知读书而缺乏实际知识的人。11.指人没有名声或论述没有根据。12.美国的一位国务卿。13.大部分位于非洲东北部的一个国家。14.我国电影界的一个奖项。

纵向

一、陶晶莹演唱的一首歌曲。二、比喻事物彼此毫不相干。三、饮用水品牌之一。四、香港女影星。五、存在于细胞的染色体上的生物体遗传的基本单位。六、由洪金宝、郑伊健、张柏芝等主演的武侠电影。七、有钱而吝啬的人。八、名为Etam的服装品牌。九、一种汉字字体。十、一国在贸易、航海等方面给予另一国的不低于任何第三国的优惠待遇。十一、成语,形容因恐惧或惊讶而发呆的神态。十二、由驴、马杂交而来的一种畜力动物。

21 接龙方阵

请你将下面的接龙方阵补全。

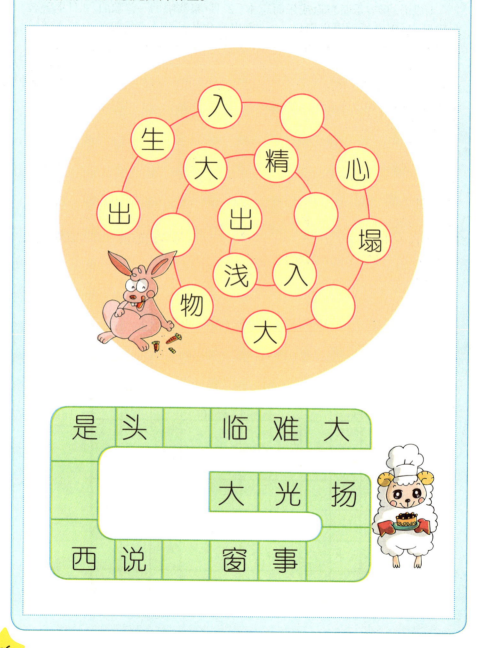

22 填空接龙

请你填上空格里的字,使下图组成一组成语接龙。

后	来	居				民
利		入	天	硬	搬	计
人	用		在	人		
	气	里		师	人	之
盘		如		穷	二	府
托	不		偕	头		
	其	羞	成		气	冲

97

23 连连看

用直线把上面的谜面与下面的谜底连起来。

 狗坐轿子

 一二五

 愚公的房子

 下地不穿鞋

 射箭没靶子

 脚踏实地

 开门见山

 不识抬举

 丢三落四

 无的放矢

24 你懂它们的意思吗

根据意思写出与其相符的成语，且把成语填在下面的圆圈中。

又是刮风，又是下雨

一分一秒也决不放过

一会儿这样，一会儿那样，变化不定

回答问话像流水一样迅速流畅

经常发愁，容易伤感

唠唠叨叨，说起来没完

超出一般人

长久地坚持下去，不松懈

不声不响，很少说话

小草开始生长，黄莺四处飞翔

不用说就能明白

另外有一种与众不同的构思

25 成语楼梯

　　请你在每级楼梯上的空格里填上两个相同的字，搭好楼梯，从而步步高升。

擒　纵
勇　谋
脂　膏
辅　成
轻　贱
影　踪
世　报
兵　将
心　德
手　脚
骄　躁
即　离
策　力

26 看谁走得最快

下面的迷宫是由两条首尾相接的成语龙组成的，两个入口都能走到中心。填补空格，看看谁走得最快。

水	惜	香		乞	大	威
深		歌	尾			
火	洁	冰	妙		天	吞
	里	看	舞	山	动	气
血		起	动			忍
沸	驾	天	鸡		多	学
	云	酒		大	物	

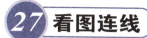

27 看图连线

请用线将左面的4幅时间图与右面相匹配的成语连接起来。

旭日东升

艳阳高照

雄鸡报晓

骄阳似火

日薄西山

月明星稀

华灯初上

万籁俱寂

28 成语格子

请你在下面的空格中填上适当的字,使它们横看竖看均为四字成语。

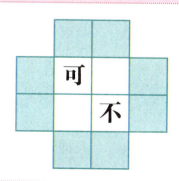

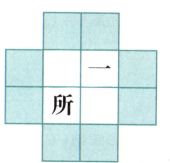

29 有趣的成语算术

例如：四舍五入 - 三心二意 = 一波三折，就是

4 - 3 = 1，5 - 3 = 2。

（　　）敲碎打 +（　　）丝不苟 =（　　）箭双雕

（　　）鸣惊人 +（　　）本正经 =（　　）全其美

（　　）龙戏珠 +（　　）毛不拔 =（　　）思而行

（　　）顾茅庐 +（　　）步登天 =（　　）海为家

（　　）面楚歌 +（　　）无所有 =（　　）花八门

（　　）湖四海 +（　　）触即发 =（　　）亲不认

（　　）神无主 +（　　）意孤行 =（　　）零八落

（　　）窍生烟 +（　　）举成名 =（　　）面玲珑

（　　）仙过海 +（　　）气呵成 =（　　）牛一毛

（　　）面威风 +（　　）臂之力 =（　　）霄云外

（　　）霄云外 +（　　）望无际 =（　　）万火急

（　　）败俱伤 ×（　　）大皆空 = 胡说（　　）道

（　　）彩缤纷 +（　　）毛不拔 =（　　）神无主

30 有趣的成语"加减乘除"法

（　　）窍生烟 -（　　）畜兴旺 =（　　）潭死水

（　　）缄其口 ×（　　）足鼎立 =（　　）世之仇

（　　）体投地 +（　　）叶知秋 =（　　）亲无靠

（　　）针见血 +（　　）顾茅庐 =（　　）海升平

（　　）步成诗 -（　　）亲不认 =（　　）事无成

（　　）生有幸 +（　　）谷丰登 =（　　）方呼应

（　　）大皆空 ×（　　）言为定 =（　　）脚朝天

（　　）劫不复 ÷（　　）钧重负 =（　　）年寒窗

名扬（　　）海 + 如出（　　）辙 = 目迷（　　）色

（　　）牛（　　）毛 +（　　）言（　　）鼎 =（　　）

全（　　）美

31 连字组成语

从下图中的某一个字开始，按顶真格依次连完格子里的字，使之成为首尾相连的五条成语，路线不能重复。顶真：前一句末尾的字是下一句开头的字。如：江山如画、画饼充饥……

32 象棋谜

请根据下图中的"残局"猜两部电影的名字，黑子先走。

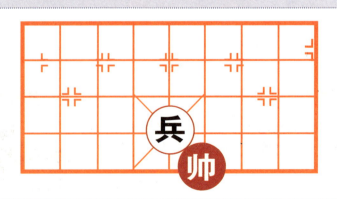

33 看图猜成语

请你根据下面两幅图,各猜一个成语。

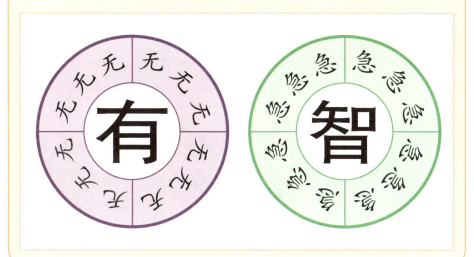

34 下 蛋

1.请在下面第一个圆环的空格中填上适当的字,使圆环上的每个字,按箭头所指方向组成五个成语,且上一个成语的最后一个字要和下一个成语的第一个字重合。

2.依前题要求,把下面第二个圆环的空格填满,以组成三个四字成语。

3.依第1题的要求,把下面第三个圆环的空格填满,组成三个四字成语。

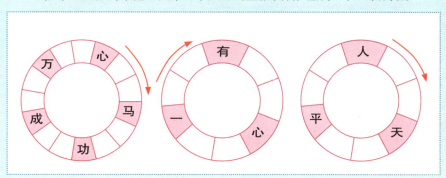

35 聪明回环诗

宋代著名女词人李清照和丈夫赵明诚志同道合，经常互相吟诗作词。一次，赵明诚挖空心思写了一首七言回环诗（排列形式如图1），李清照读后，不假思索，当即提笔也写了一首七言回环诗（排列形式如图2）。赵明诚一看，心中暗暗佩服。

你能将这两首诗读出来吗？

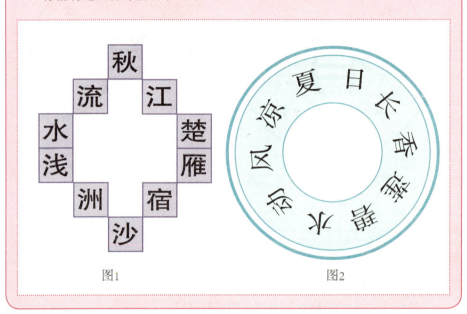

图1   图2

36 对联万花筒

下面一副对联的上下联各缺6个字，然而这几个字恰好又隐藏在对联中。细心的小读者，你能找出缺少的字并填入方框中吗？

□中有戏□中有文识□者看□不识□者看□；

音里藏□调里藏□懂□者听□不懂□者听□。

37 巧找诗句

下图是宋代诗人秦观写的一首回环诗，共14个字，读出来共有4句，每句7个字。你能读出这首诗来吗？

38 怪体诗如何读

这首诗题为《游苏州半山寺》，又叫《八山叠翠诗》，是明代邬（wū）景和所作，试试看你会读吗？

山山

远隔

山光半山

映百心塘

山峰千乐归山

里四三忘已世

山近苏城楼阁拥山

堂庙旧题村苑阆疑

竹禅榻留庄作画实

丝新醉侑歌渔浪沧

第四章

逻辑与推理

4

逻辑与推理

1 猫咪的生日

　　有一只可爱的小猫咪，两天前是2岁，今天是3岁，今年过生日的时候它就4岁了，而明年过生日时它将是5岁。

　　这样的情况可能在现实生活中发生吗？如果可能，这只猫咪的生日是几月几日？

2 称量溶液

在实验室中，杰克正在称量一种蓝色溶液的重量，如果在天平平衡的情况下，他把一根手指放进盛溶液的烧杯中，且手指不碰到烧杯壁或者烧杯底，这时天平还会保持平衡吗？

3 最有可能的小偷

珠宝店的一颗贵重的钻石被人偷走了。现场没有留下任何可疑的指纹，唯一的线索就是小偷用尖利的东西划开了玻璃，从而偷走了里面的钻石。请问谁最有可能偷走钻石？

4 图形推理

仔细观察下面第一组图形，依据规律选出第二组图形中缺少的图形。

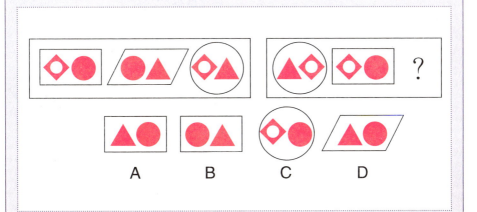

5 船过桥洞

有一条装了货物的小船在河道中航行，途经一座小桥时，因为有一件货物高出了桥洞几厘米，并且那个货物很大，不能移动，所以小船不能通过桥洞。这时有很多人在桥上看热闹。你有什么好办法让这条船穿过这个桥洞吗？

6 字母图形

请在下图问号处填两个字母，解开谜题。

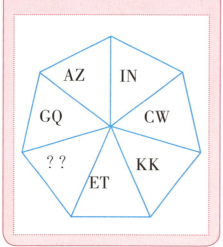

7 喝汽水

一瓶汽水1元钱，喝完后两个空瓶还可以再换一瓶汽水。假如你有20元钱，那么，你最多能喝多少瓶汽水？

8 正方体的立体图

　　有一个正方体，它的每一个面都有美丽的图案装饰着。下图是这个正方体拆开后的各面的图案构成，那么在下面的几个选项中，哪一个不是这个正方体的立体图？

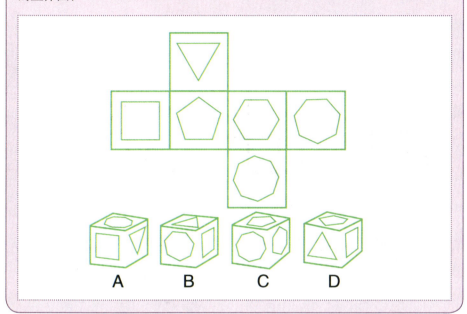

9 判断图形

　　仔细观察下面两组图形，依据第一组图形组合的规律将第二组图形补齐。

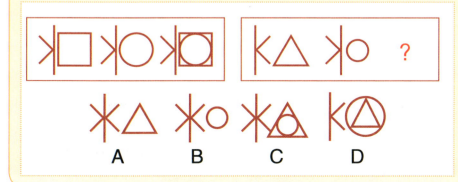

10 转换图形

依据图(1)转换为图(2)的规律,请判断出图(3)按同样的规律转换后应该对应A、B、C、D、E中的哪一个。

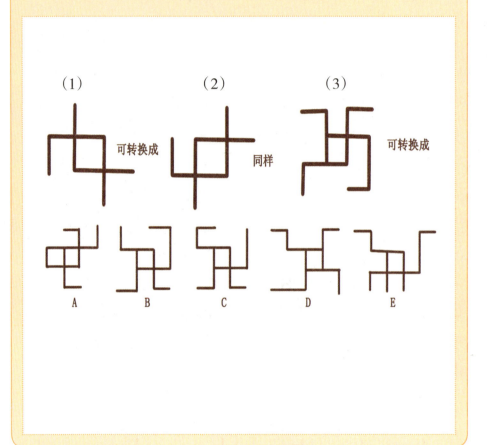

11 平面图

把下图左边的立方体拆成平面后，应该是A、B、C、D中的哪一个？（底面为空白，没有图形）

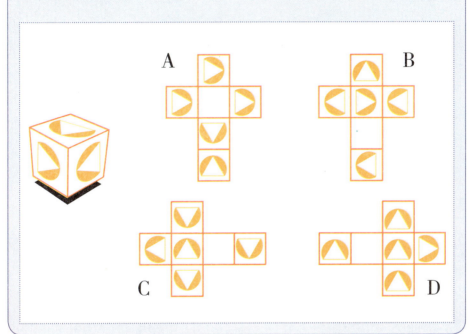

12 三棱柱展开面

下面右边的图形中，哪一个图形是左边图形的展开图？

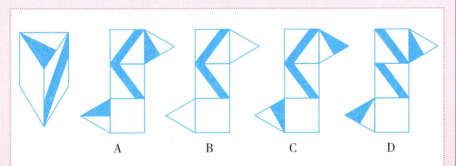

A   B   C   D

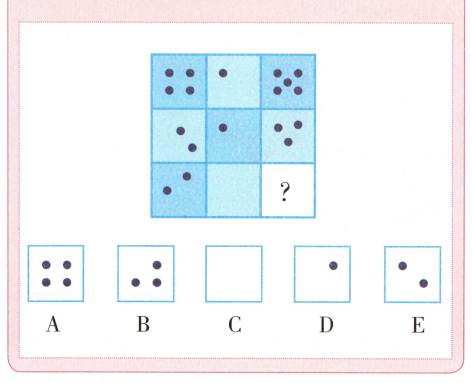

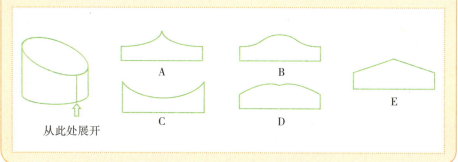

13 空白方框

空白方框处应该填A、B、C、D还是E?

A　　B　　C　　D　　E

14 斜切纸杯

如图所示,一个斜切的纸杯,它的侧面展开图是什么样的呢?

从此处展开

A

B

C

D

E

15 房间的钥匙

　　查理是一个管家,他的老板外出旅游去了,他拿着所有房间的钥匙。这所房子一共有10个房间,他在每个房间的钥匙上都写上了号码,这样便于确认。但是有一天他的孙子把所有钥匙上的号码全都撕掉了,他无法确认每个房门的钥匙了。要是在一个一个试的情况下,他最多需要试多少次才能确认每个房门的钥匙呢?

16 玩具模型

下图中的每种玩具模型都有一个价格, 而图中的数字表示该行或该列所示玩具的总价。你能把"?"所代表的数字推出来吗?

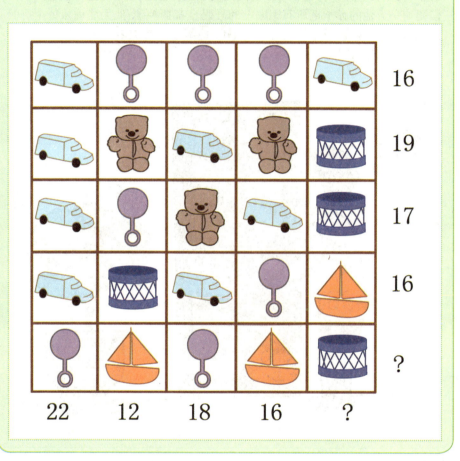

17 百米赛跑

狗和兔子进行百米赛跑，当兔子到达终点时，狗离终点还有10米的距离。要是重新赛跑，并把兔子的起跑线往后挪10米，这样，它们可以同时到达终点吗？

18 立方体平面展示图

在1~5所展示的图形中，哪一个是右边立方体的平面展示图？

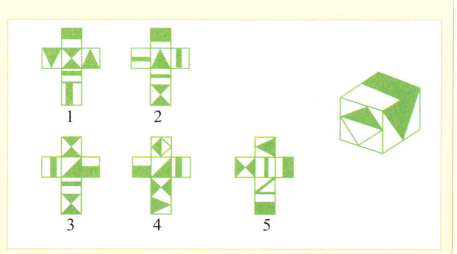

19 可走路径

如图所示，从标有"起点"的圆到标有"终点"的圆只有一条路允许走，这条路要求走过偶数个路段。你能推出哪一条是可以走的最短路径吗？

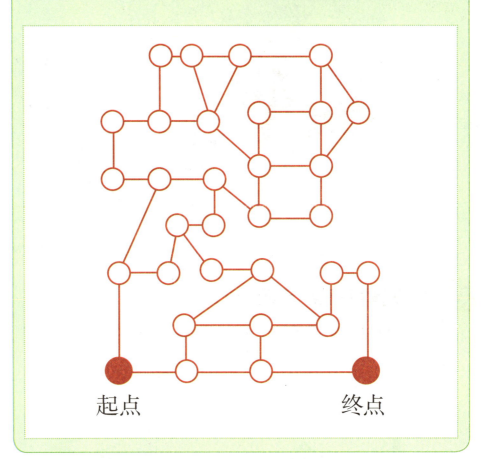

起点　　　　　终点

20 举动反常

　　两名铁路工人正在检修路轨，这时一辆特快列车向他们迎面高速驶来。火车司机没有注意到他们正在路轨上工作，因此来不及减速了。但奇怪的是，这两名工人却沿着特快列车所在的路轨朝列车迎面跑去。这是为什么?

21 巧摆瓶子

　　有4个完全一样的啤酒瓶，你能把它们摆成某个样子，使4个瓶口之间的距离个个都相等吗?

22 羊有几只

小明对小牛说："你给我一只羊，那样的话，我的羊就是你的两倍。"

小牛说："最好是你给我一只羊，那样的话，我的羊和你的羊就一样多了。"请问他们各有多少只羊？

23 生日的日期

一位老人问乔的年龄。乔想了会儿说："前几天我11岁，明年我12岁了。"

请问：乔的生日是哪一天？老人是在哪一天问乔的年龄的？

24 月夜凶杀案

在北方的一个小镇，一条小河从东向西流过小镇。一个月圆之夜，一桩谋杀案打破了小镇的平静。法医推算出案件应该发生在晚上9点左右，刑警很快找到了嫌疑犯，并立即对他进行审问。

"昨晚9点左右你在哪儿？"

"在河南岸坐着。昨夜是满月，河面上映出的月亮真好看！"

"你说谎！这么说，罪犯就是你。"

请问，刑警的根据是什么？

益智笑话 语文老师让我们用"不是……而是……"造句。当时我正在发呆，老师突然叫我起来回答，我看到前桌坐的小强，灵机一动，说："小强不是女的，而是男的。"全班狂笑。

25 谁说了假话

某银行被窃，甲、乙、丙、丁四人涉嫌被拘审。侦破结果表明，罪犯就是其中的某一个人。甲说："是丙偷的。"乙说："我没偷。"丙说："我也没偷。"丁说："如果乙没有偷，那么就是我偷的。"现已查明，其中只有一个说了假话。从上述条件可以确定谁偷成立？

26 叶丽亚的年龄

叶丽亚小姐长得漂亮，可只有很少人知道她确切的年龄。听说，她的年龄非常有特点：它的三次方是一位四位数，但四次方是一位六位数，且数字分别不重复。你能推算出叶丽亚小姐的年龄吗？

27 巧打绳结

有一条绳子，请用你的右手拿着绳子的 端，左手拿着绳子的另一端，然后在两只手都不放开绳子的情况下，把这条绳子打个结。请问你能做到吗？

28 死亡率最高

　　下面这幅图是一个大城市闹市区的地图，由于管理混乱，这里的犯罪率居高不下，交通事故频频发生。现在，请你根据这幅图，判断一下，在A、B、C、D、E、F、G、H、I中，哪个地区的死亡率最高？

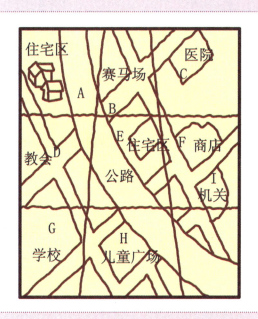

29 比较面积

　　如图所示，有两块大小差不多的用同一块铁皮切割而成的不规则铁皮板，用尺测量它们各自的面积有困难，那么，采用什么办法才能比较出它们面积的大小呢？

30 连接断桥

在不弯折或剪开这张纸的情况下，你能把这座断桥接起来吗？

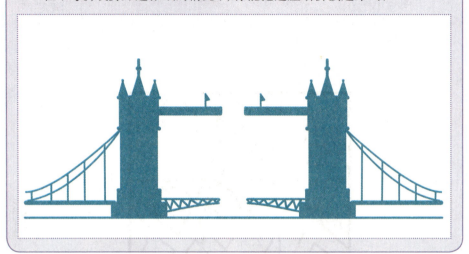

31 凶手是谁

玛丽发现梅思和汤米死在了地板上，感到十分伤心。她发现，在尸体旁边有一些碎玻璃，地毯湿乎乎的，而且两具尸体都没有穿衣服。你知道凶手是谁吗？

32 巧推数字

充分发挥你的想象力，推算出下一行的数字是什么？

1
1 1
2 1
1 2 1 1
1 1 1 2 2 1
3 1 2 2 1 1
1 3 1 1 2 2 2 1
1 1 1 3 2 1 3 2 1 1

33 消失的箱子

　　小白要和妈妈出远门。走之前，妈妈从家门口数了30步，挖了个坑，把一个大木箱埋了进去。小白从家门口数了10步，把自己的小木箱也埋到了地下。第二天，妈妈带着小白走了。

　　过了4年，他们又回到了家，房子还在。妈妈从家门口数了30步，挖出了大木箱。小白数了10步，挖呀挖呀，却怎么也挖不到小木箱，他着急极了！后来，他换了个地方挖下去，一下子就挖出了小木箱。你猜这是为什么？

脑筋急转弯

　　老鼠对鸭子说自己能在河上走10分钟而不沉入水中，请问它是怎么做到的？

答案：老鼠在冰冻的河上走。

127

34 找相同

在下面的6幅图中，哪两幅图是一模一样的呢？

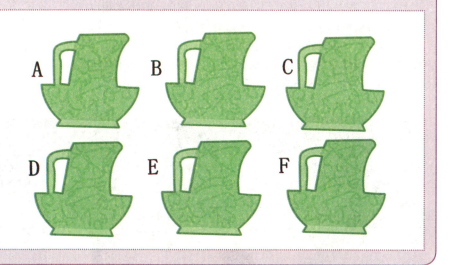

35 圆柱体

如果你将下图左边这个图形卷成一个圆柱体，那么在A、B、C、D4个选项中哪一个将会与这个圆柱体相像呢？

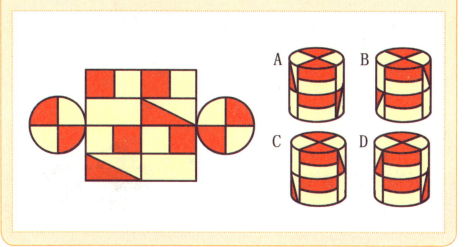

36 识别图形

如图所示，根据图形序列的规律，问号处应该是什么图形呢？

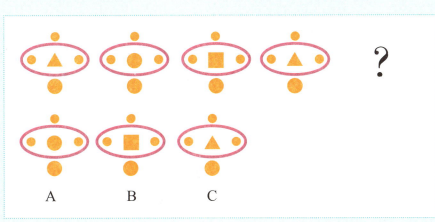

37 连通电路

哪个部件能将下面这个电路连通？

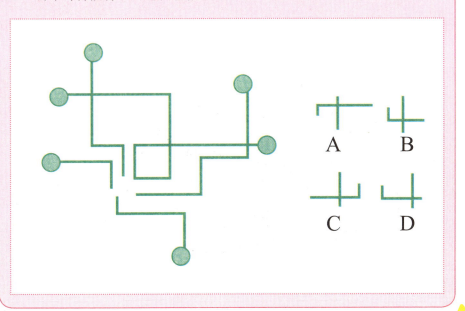

38 选择图形

根据规律，接下来的图形应该是选项中的哪一个？

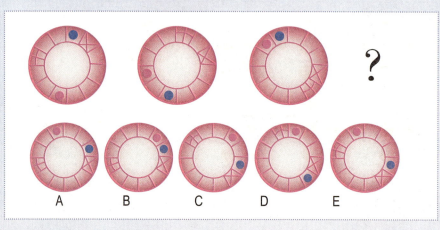

39 没有降落伞

在海拔1500米的高度，从一架盘旋的直升机中跳下一个人，他没有带降落伞，但是这个人落地后，表现得若无其事，你知道这是怎么回事吗？

俯视布篷

如图所示，4张布篷安在这个支架上，从它的正上方俯视，将看到什么图案？

41 喝咖啡

客人来到一家餐厅，要了一杯咖啡，当喝到一半时将杯中兑满开水；又喝去一半时，再次兑满开水；又经过同样的两次兑水过程，咖啡最终喝完了。请问客人一共喝了多少杯咖啡？

42 立方体中的字母

下图的立方体中，哪两个面上的字母相同？

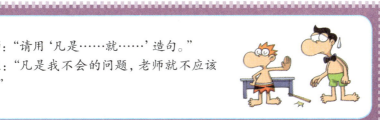

益智笑话
老师："请用'凡是……就……'造句。"
学生："凡是我不会的问题，老师就不应该提问我。"

43 寻宝地图

　　如图所示，这是一幅寻宝地图。寻宝者在每一个方格里只能停留一次，但通过次数不限；到一个方格后，下一步必须遵守方格中的箭头的方位和跨度指示（如4↓表示向下走4步，4↗表示沿对角线向上走4步）；有王冠的方格为终点。请问寻宝的起点在哪里？在寻宝过程中，有些方格始终不必通过或停留，这些方格会呈现出一个两位数，是什么数呢？

44 神枪手

　　下图是一块正方形的硬纸板，在没有把它折叠的情况下，小斌开了一枪，只用了一颗子弹就打中了它的4条边。如果你也是神枪手，你能做到吗？

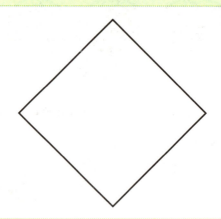

45　棋子连连看

　　下图中有10个棋子,请你移动3个棋子,让这10个棋子分别连成5条直线,且每条直线上都要分布4个棋子。

46　装橘子

　　奶奶让小洁帮忙把橘子分装在篮子里。奶奶给了她100个橘子,要求她分装在6只篮子里,并且每只篮子里所装的橘子数都要含有数字6,你知道小洁是如何分装的吗?

47 下围棋

两个人在围棋盘上轮流放棋子，一次只能放一枚，要求棋子不能重叠，也不能越过棋盘的边界。棋盘上再也不能放下一枚棋子时，游戏结束。谁放下了最后一枚棋子，谁就获胜。如果你先放棋子，有没有确保必胜的秘诀？

48 倒置镜像

假设下图的这个图样中每一行右边的小片是它们左边小片的倒置镜像。也就是说，颜色相反而小片沿纵轴翻转，那么，下图中的哪块小片没有遵循这条规则？

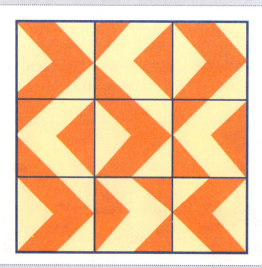

49 推测日期

台历被污渍弄脏了,只能从仅存的部分依稀看到几个数字(如图)。根据仅存的这些数字,你能推测出这个月的一号是星期几吗?

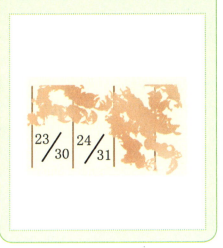

50 旋　转

如图所示,如果齿轮A按照顺时针方向旋转,那么滑轮E将按什么方向旋转呢?

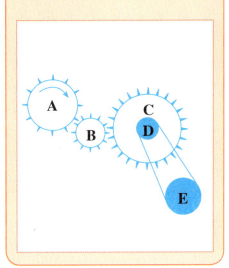

51 打台球

如图所示,假设这枚台球击中了球台边的缓冲橡皮垫,即图中箭头所标示的点。如果这枚台球仍有动力继续滚动,那么最后它将落入哪个球袋呢?

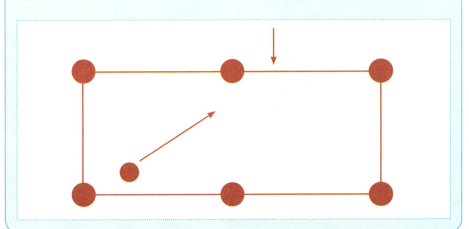

52 错误的变化

下面4个方形之中的图形是按一定的规律而变化的,但其中有一个是错误的,你能判断出是哪一个吗?

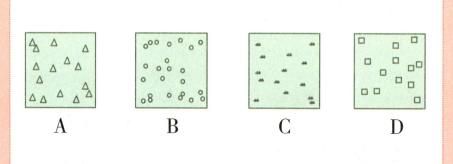

A   B   C   D

53 斐波那契数列

这个序列是著名的斐波那契数列的开头部分。13世纪,意大利数学家列昂纳多·斐波那契发现了斐波那契数列。大自然中到处都存在这个数列。雏菊、向日葵以及鹦鹉螺的生长模式都遵循由该数列描绘的螺线。观察下边的这个数列,你能填入下一个数字吗?

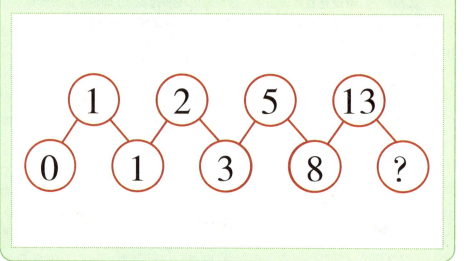

54　完成图形

根据规律，A~E5个图案中，哪个可以填在问号处?

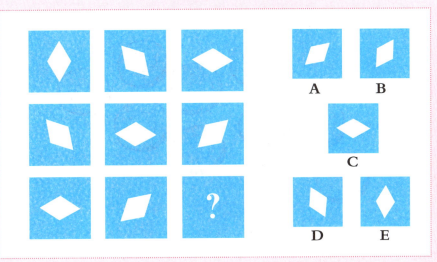

55　猜猜年龄

4人围桌而坐，4个人的年龄两两相加的和分别是45、56、60、71、82，其中，有两个人的年龄没有相加过。由此，你能算出他们的年龄分别是多少吗?

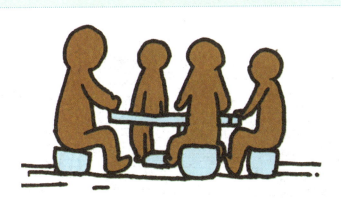

56 10枚硬币

有10枚硬币，两个人轮流从中取走1枚、2枚或者4枚硬币，谁取得最后一枚硬币就算谁输。请问：该怎么做才能获得胜利？

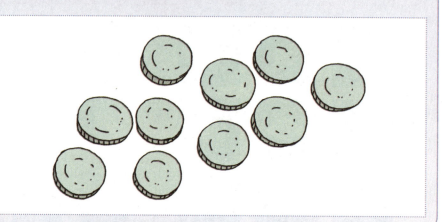

57 迷惑的生卒年

19世纪有一位著名的作家出生在英国，同样他也死于19世纪。他诞生的年份和逝世的年份都是由4个相同的数字组成的，但排列的顺序不同。他诞生的那一年，4个数字之和是14；他逝世那一年的数字的十位数是个位数的4倍。请问：该作家生于何年，死于何年？

58 猜出新号码

　　凯特换了新号码。凯特发现，这个新号码很好记，它有3个特点：首先，原来的号码和新换的号码都是4个数字；其次，新号码正好是原来号码的4倍；最后，原来的号码从后面倒着写正好是新的号码。

　　所以，她不费劲就记住了新号码，那么，新号码究竟是多少呢？

59 比赛的成绩

　　在一个月的时间内，学校进行了4次数学考试。甲、乙、丙、丁4个学生每次考试的成绩各不相同。其中，甲比乙成绩高的有3次；乙比丙成绩高的有3次；丙比丁成绩高的有3次。那么，丁会不会也有3次比甲成绩高？

60 征收黄金

　　有个皇帝,派出10名使臣到各地征收黄金,要求10天之内每人征收1000两。10天后,10名使臣都按期回朝交差。黄金都是按皇帝的旨意装箱的:每个使臣交10箱,每箱100两,一两一块。这时皇帝忽然收到一封密信,说有一名使臣在每块黄金上都割走一钱,这一钱肉眼看不出来。于是皇帝吩咐内侍取来一杆10斤的秤,然后对满朝文武官员说:"如果谁能一秤称出是哪名使臣的黄金不足,定有重赏。"

　　说罢命令那10名使臣各自站在自己交的10箱黄金前。

　　满朝文武官员面面相觑,因为只称一次就称出是谁的黄金每块少一钱,的确是个难题。但有个大臣想了一个办法,居然解决了这个难题。

　　试问,他是怎样称的呢?

61 超车罚款

　　假如你和你的朋友分别开着新买的车从A地到B地去,你俩走的是同一条路,你的朋友在前,你在后,你的车从未超过你朋友的车,你的朋友也没有超车,可你却接到超车的罚款。这样想不通的事可能发生吗?

62 凶　手

　　米店的老板被人杀害了,警察第一时间赶到,现场有3人:油店老板一脸吃惊,伙计面无血色,老板娘伤心欲绝。地上有一串数字:550971051。你知道凶手是谁吗?

550971051

63 射弹速度

飞机在天空中飞行,分别向前、向后和垂直向下同时丢出一枚炸弹,哪枚炸弹最先到达地面?

64 数行人

有两个人花了一个小时数他们面前的行人,其中一个人坐在家门口数,另一个人则在人行道上走来走去地数。那么,他们俩谁数的行人会多些?

65 翻转茶杯

3个茶杯全部杯口朝上。如果规定必须2个茶杯一起翻转,请问翻几次才能使这3个茶杯全部杯口朝下?

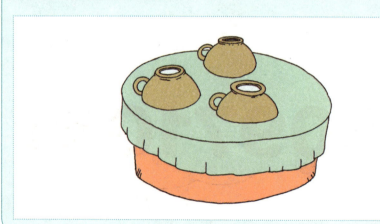

66 抢救名画

如果罗浮宫失火了，而且火势很大，你是罗浮宫的一名工作人员，只能抢救一幅画，那么，你会选择抢救哪一幅？

67 安全行车

据交通部门统计，大多数汽车发生事故都是在中速行驶的时候，很少有事故发生在高速行车时。那么，这是否可以表明，高速行车比中速行车更安全？

68 抛西瓜

　　载西瓜的船停在岸边，没有系缆绳就开始卸西瓜了。工人从船尾将西瓜向岸上的人抛去，这样会发生什么事?

69 作案时间

　　在作案现场，警察发现有一堆支离破碎的手表残物，并从中发现手表的长针和短针正指着某个时刻，且长针恰比短针的位置超前一分钟。除此以外，再也找不到更多的线索。可有人却根据那个手表想到了凶犯作案的时间。你说这个时间该是几点几分呢?

70 两位画家

　　杰克和马利都是画家，杰克擅长调色但画得慢，马利画得快但调色慢。一位绅士请杰克和马利画10幅画，每人各画5幅。杰克每20分钟就能调好色，而画画要用1小时；马利调色用40分钟，画画用半小时。完成时，绅士应该按什么比例分发酬劳呢？

71 握　手

　　握手时，右手对右手、左手对左手，相握很方便，但右手和左手、左手和右手相握就很别扭。而且，1个人如果要让自己的左手和右手相握也很不顺手，至于2个人这样相握就更别扭了。请问，按照一般人的握手习惯，由5个人的手适当配合，能不能相互握得很好？

145

72 判断理由

报上登出了国内20家大医院的名单，名单按它们在近3年中病人死亡率的高低排序。专家指出：不能把名单排列的顺序作为评价这些医院医疗水平的一个标准。以下各项，如果都是真的，那么，哪一项不能作为论据支持专家的结论？

A.这20家医院中，有5家依靠国家资助从国外进口了多项先进、大型和配套的医疗设备，其余的都没有。

B.有些医院，因为留病人住院的时间长，因此，病人死亡率就较高；有些医院，因为较早地动员患绝症和救治无望的病人出院，因此，病人死亡率就较低。

C.这20家医院中，有2家老人医院和3家儿童医院。

D.这20家医院中，有2家是肿瘤医院。

E.有些医院不具备进行特种手术和特别护理的条件，碰到相关的病人就劝告家属转院了事。

73 取牛奶

兄妹两人谁都不愿意下楼取牛奶,每天他们两个人都要扔硬币决定谁出门。他们轮流扔硬币,谁先扔到国徽朝上谁赢,请问兄妹两人赢的概率各为多少?

74 图形组合

仔细观察下面的4幅图形,依据图形规律,选出适合的第5幅图形。

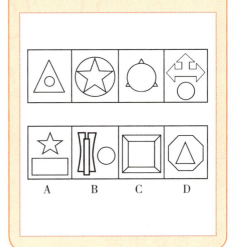

75 装倒的车牌

杰克逊的爸爸让杰克逊帮忙把汽车上的车牌重新装一遍,因为车牌已经松动了。杰克逊装好后,爸爸被逗笑了,原来车牌被装倒了,现在车牌上的数字比原来的数字大了78633。你知道车牌原来是哪五位数吗?

$$ABCDE$$
$$+\ 78633$$
$$\overline{PQRST}$$

76 完成序列

在A~F6个图中，哪一个符合下面的序列？

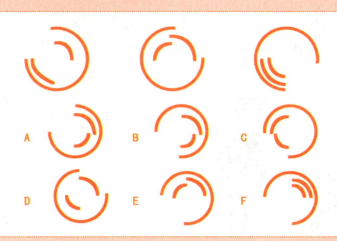

77 扑克组合

现有3厘米×4厘米的扑克牌12张，要求用这些扑克牌同时组合出大小不同的多个正方形。但是不能折扑克，不能重叠扑克，不能有两个以上同样大小的正方形同时存在。请问，共能组合出多少个大小不同的正方形？

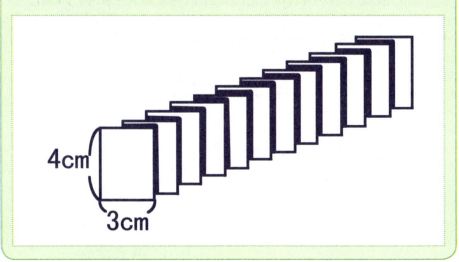

78 巧填数字

下图中每行数字的规律相同，那么哪个数字能代替问号完成谜题？

4	1	11	11	3
3	3	1	6	5
9	2	9	4	2
6	4	8	9	3
5	1	?	1	4

79 一笔画成

在不能重复的情况下，你能一笔把下面的图形画出来吗？

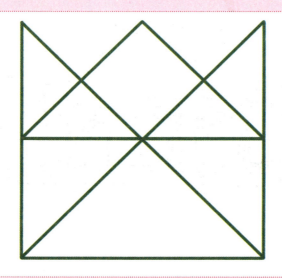

80 错误推理

室外音乐会的组织者宣布，明天的音乐会将如期举行，除非预报了坏天气或预售票卖得太少了。如果音乐会被取消，将给已买了票的人退款。尽管预售票已卖得足够多，但仍有一些已买了票的人已经得到了退款，这一定是因为预报了坏天气的缘故。下列哪一项是该论述中含有的推理错误？

A. 该推理认为如果一个原因自身足以导致一个结果，那么导致这个结果的原因只能是它。

B. 该推理将已知需要两个前提条件才能成立的结论建立在仅与这两个条件中的一个有关系的论据基础之上。

C. 该推理仍解释说其中一事件是由另一事件引起的，即使这两件事都是由第三个未知的事件引起的。

D. 该推理把缺少某一事件会发生的一项条件的证据当作了该事件不会发生的结论性证据。

E. 试图证明该结论的证据实际上削弱了该结论。

81 移硬币

有12枚硬币，排成下列图形。每枚硬币都是一个正方形的一个端点，这样的正方形共有6个。如何移走3枚硬币，使得图形中只剩下3个正方形？

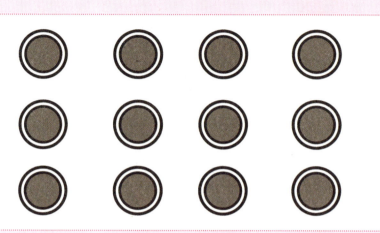

82 堵 羊

羊栏里有37个出口，但只要封住其中一个出口，羊就根本无法跑出去，应封住哪个出口？

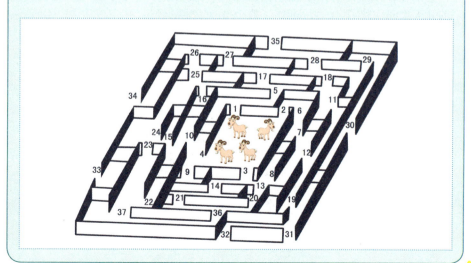

83 相连的图片

下图的9张图片是连在一起的,请你撕下其中4张(不能连在一起撕),使剩下的5张每张至少有一边与另一张相连,你能办到吗?

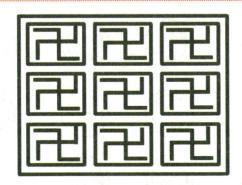

84 谁受了伤

卡尔、戈丹、安丁、马扬和兰君都非常喜欢马。一天,他们5个人结伴到马场骑马。不幸的是,他们当中有个人因为马受了惊吓并狂奔起来而受了伤。现在请你根据下列情况判断一下究竟是谁受伤了。

A.卡尔是单身汉。B.受伤者的妻子是马扬的妻子的妹妹。C.兰君的女儿前几天生病住院了。D.戈丹目睹了整个事故发生的经过,决定以后再也不骑马了。E.马扬的妻子没有外甥女也没有侄女。

85 正确的结论

美国前总统林肯曾经说过："最高明的骗子,可能在某个时刻欺骗所有的人,也可能在所有的时刻欺骗某些人,但不可能在所有的时刻欺骗所有的人。"如果林肯的上述断定是真的,那么,下述哪项断定是假的?

A. 林肯可能在某个时候受骗。

B. 林肯可能在任何时候都不受骗。

C. 骗子也可能在某个时刻受骗。

D. 不存在某个时刻所有的人都必然不受骗。

E. 不存在某一时刻有人可能不受骗。

86 家庭成员

有这样一个家庭, 其成员有甲、乙、丙、丁、戊、己、庚兄弟姐妹7人。已知:
(1)甲有3个妹妹; (2)乙有1个哥哥; (3)丙是女的, 她有两个妹妹; (4)丁有两个弟弟; (5)戊有两个姐姐; (6)己是女的, 她和庚都没有妹妹。试问, 你能根据以上这些条件判断出这个家庭中有几男几女吗? 谁是男的? 谁是女的?

87 捉老鼠

如果3只猫在3分钟内捉住了3只老鼠, 那么请问, 多少只猫能在60分钟内捉60只老鼠?

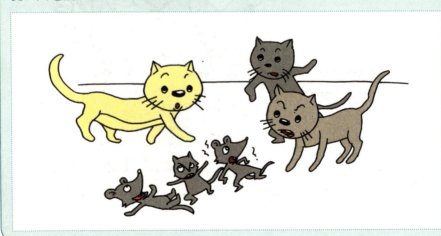

88 文字推理

下面5个答案中哪一个是最好的类比？"预杉"对于"须杼"相当于8326对于（ ）A. 2368 B. 6283 C. 2683 D. 6328 E. 3628

89 前后左右

前左×后右=左后前右
前右×后左=前左后右
算式中前、后、左、右代表4个不同的数字，你能猜出它们各代表什么数字吗？

90 神枪手

有A、B、C3人进行决斗,他们分别站在边长为1米的正三角形的顶点上。每人手里有一把枪,枪里只有一发子弹。每个人都是神枪手,不会失手。请根据上面的提示分析:如果决斗者A不想死,那么,他要怎么做才能保证存活?(假设另外两个人都不是傻瓜)

91 老杨的存款

老杨在银行里有一笔存款,有甲、乙、丙、丁4人猜测老杨存款的数额。甲说:"老杨有500元存款。"乙说:"老杨至少有1000元存款。"丙说:"老杨的存款不到100元。"丁说:"老杨的存折上至少有100元。"如果其中只有一个人猜对了,那么你能由此推出老杨有多少存款吗?

参考答案

第一章 图形游戏

1. 女人的眼睛画错了，外睫毛短，内睫毛长，嘴巴的上唇和下唇也颠倒了。

2. 应是一个立方体，如图：

3. 仔细观察两张图片，便可以找到答案。如图：

4. D。

5. 这幅图挂反了，如图：

第一章 图形游戏

6. 如图：

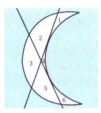

7. 如图：

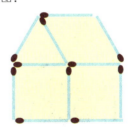

8. 如图：

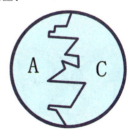

9. 钳子。

10. 把中间水平方向上的火柴向右移动自身长度的1/2，把左下角的火柴移动到右上角，这样硬币便位于杯中了。

11. 10只。

12. 只有一幅，是E。

13.

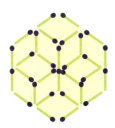

14.

15.

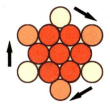

16. 4颗。

17. A。除A外，其余的两两成对。

18.

19. 31只。

20.

21.

22. ②的面积比较大。先多用几根火柴棒把图形细分成小三角形，可以看到，图形①中有4个小三角形，而在图形②中却有5个小三角形。

23. 有锯子、铁锤、镰刀、手电筒、显微镜、刀、电喇叭这7件工具的平面图。

24.

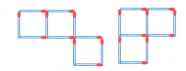

25. 如图：

第一章 图形游戏

26. D。

27. 如图：

$$123-4-5-6-7+8-9=100$$

28. D图。

29. D项。如下图，这3个正方形相交都组成了4个三角形。

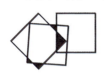

30.

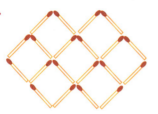

31.

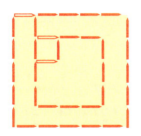

32.

第一章 图形游戏

33.

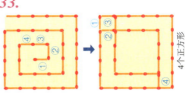

4个正方形

34. （13，5），（9，8），（10，17），（1，3）。

35.

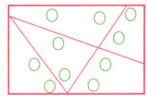

36. 7个。

37. 变化规律是：添一叶，再添两花瓣，然后减一花瓣和添一叶，如此反复。

38. 相同的图形是b1、j3、d5。

39.

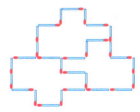

40.

$$12+1-2-7=4$$

41. 图1、2、3可以一笔画出来，图4、5、6不能一笔画出来。

42. 猪：2根；鱼：3根。

43.

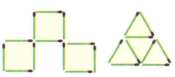

44. 乙能到达。

45.

46.

47.

48.

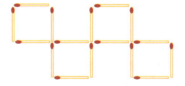

49.

3×657+12=1983

50.

51. 121个。将跳棋棋盘的六角星形分成6个平行四边形，相邻边上分别有4个圆圈和5个圆圈。结果只剩棋盘中心的一个圆圈不属于任何平行四边形。所以棋盘上圆圈的总数是（4×5）×6+1＝121（个）。

52.

53.

11+□=11

1+10=11

1−10≠11

54.

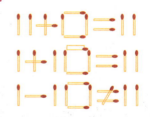

55.

2: B / 4: C / 8: C

56.

123-111=12

4-114+1=111

57. 略。

58. 略。

59.

60.

61.

62.

63. 不是。这是"弗雷泽螺旋"，是最有影响力的幻觉图形之一。你所看到的好像是个螺旋，其实它是一系列完好的同心圆！这幅图如此巧妙，会促使你的手指沿着错误的方向追寻它的轨迹。

64. 在两棵树之间。

65.

66.

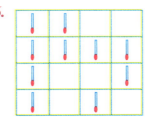

67.

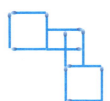

68. 12个。

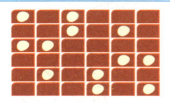

69.

70.

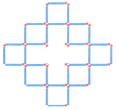

71.

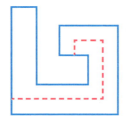

72.

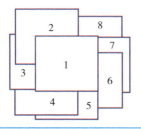

73. 如下图所示，把纸进行剪裁，沿折叠线把A面向着你折成垂直状，然后把B面翻转180° 即可。

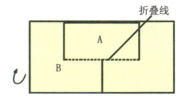

74.

75.

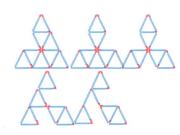

76. 8种。

77. 380块。其计算方法是：

（1＋19）×（19÷2）×2=20×19/2×2=20×19=380（块）

78. 如图所示，先塞牢U型管的两边开口，接着将玻璃管倒过来，使这两个乒乓球浮到中央，然后逆时针方向缓缓摆正U型管。

79. B。正如图1垂直翻转180°后再顺时针旋转90°即为图2一样，B和图3也具有这样的关系。

80.

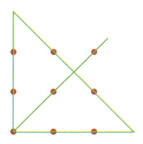

81.

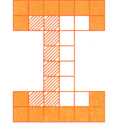

82.

83. 把塑料管弯过来（如下图），使两端的管口对接，让4个白球滚过对接处，滚进另一端的管口。然后使塑料管两头分离，恢复原状，这时就可以把黑球取出来了。

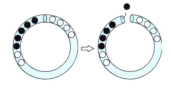

84. A。

85. 将右眼闭上，用左眼注视黑三角。

86. 箭头e和箭尾3是相配的。

87.

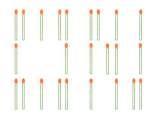

88. 一个大环和一个小环套在一起。

89.

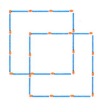

90. 略。

91. A处。球会滚过去，再滚回来停留在A处。

163

第一章 图形游戏

92.

$$35+52+7+5=99$$

93.

94.

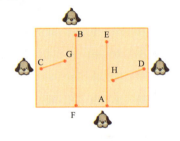

95. 能。如果你紧盯着图1中的8块玻璃想着如何组装，而忽略了图2，那你就错了。仔细看一下图2，就不难发现，将图2左半部分的玻璃片反转一下，再与右边对上就好了。

96. 将小岛划分为2个三角形，便可以知道小岛的面积是6个单位。

97. 图中有34个长方形。

98.

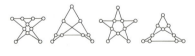

- -

第二章 数字游戏

1.

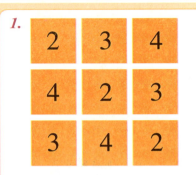

2. 她家至少养了20只兔子。

3. $21 \div 3 = 49 \div 7 = 56 \div 8$
或$27 \div 3 = 54 \div 6 = 81 \div 9$

4. 上半个+，+；下半个+，−。

5. 方块为9，圆形为7，X为5，Z为6。问号处应填入23。

6. $1 = 55 \div 55$　　$2 = 5 \div 5 + 5 \div 5$
$3 = (5+5+5) \div 5$
$4 = (5 \times 5 - 5) \div 5$
$5 = 5 + 5 \times (5-5)$
$6 = 55 \div 5 - 5$

7. 甲分得7根，乙分得5根，丙分得4根。

8. 需要24秒钟。

9.
$$
\begin{array}{r}
(2) - 1 = 1 \\
(1) \times 2 = 2 \\
(2) \times 3 = 6 \\
+ (9) - 4 = 5 \\
\hline
14
\end{array}
$$

10. 需要35只青蛙。因为35只青蛙在1分钟里捉1只苍蝇，所以这35只青蛙在94分钟里就能捉94只苍蝇。

11. 应填入的数字为：9 5 4
　　　　　　　　　　6 3 2
　　　　　　　　　　1 7 8

第二章 数字游戏

12. 这样选择的号码无法被3除尽的可能性是0。因为根据该题目的游戏规则，不论你找的是哪组数字，它们的总和都是3的倍数，这样的话，它们组合成的数字也都能被3除尽。

13. 5与3的差为2，8与5的差为3，12与8的差为4……最后的数是23，它与17的差是6。

14. 假设3张饼分别为a、b、c，烤饼的具体步骤为：先将a和b两张饼各烤1分钟，然后把a饼翻过来，取下b饼，换成c饼；一分钟后，取下a饼，将b饼没有烤过的一面贴在烤锅上，同时将c饼翻过来烤。

15. 是5分的。

16. 1+7=8　　4+5=9　　2×3=6

17. 狗=12，马=9，鸟=5，猪=7。

18. D和L。

19. 1×2×3=6　　1+2+3=6

20. 15。

21. 答案只有一个：60、16、6、6、6、6。

22. 每根绳子长5米。

23. 36次。它们分别是：1:11、2:22、3:33、4:44、5:55、10:00、11:10、11:11、11:12、11:13、11:14、11:15、11:16、11:17、11:18、11:19、12:22、

第二章 数字游戏

00:00，这些时间一天都可以出现两次，所以一共36次。

24. 把8个轮胎分别编为1～8号，每5000千米换一次轮胎，可以用下面的组合：123（可行驶1万千米）、124、134、234、456、567、568、578、678。

25. 21。这是一个三角形数的数列。

26. 只有6、19、25一组。

27.
```
      1 2
   ×  8 9
      1 0 8
   +  9 6
   ─────────
    1 0 6 8
```

28. （4+4）÷（4+4）=1
　　4÷4+4÷4=2
　　（4+4+4）÷4=3
　　（4－4）÷4+4=4
　　（4×4+4）÷4=5

29. 10只。因为1只鸭子需要用10天才可以下1枚蛋。

30.

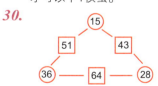

31. 271天×41=11111，教授该年41岁，生日是9月28日。

32. 9×8+7－6+5×4+3×2+1=100
或9×8+7+6+5+4+3+2+1=100

33. 9+8+7+6+5+43+21=99

第二章 数字游戏

9+8+7+65+4+3+2+1=99

34. A=17，B=18，C=14。在任何横栏或竖栏里的数字的总和等于50。

35. 6。最后一行是上两行的平均数。

36. 168。A×B×C×D=12×14=168。

37. 4。

38. 一共有2401只鹦鹉。

39. 这也是一道找规律的数学题。通过观察本题，可以看出，前3行都是一道算式，即第1个数加上第2个数然后乘以第3个数，再减去第4个数，得出第5个数。于是有（2+2）×2-1=7，那么，问号显然是7。

40. 4870847。前一个数的平方减2得出后一个数。

41. 至少有20%的学生4次考试都得了80分以上。设想在100名学生中，有30、25、15、10名学生分别在4次考试中没有考到80分，那么，4次考试中都上了80分的学生至少有：100-30-25-15-10=20，即4次考试中都上了80分的学生至少占总学生数的20%。

42. 0×9+1=1
1×9+2=11
12×9+3=111
123×9+4=1111
1234×9+5=11111
12345×9+6=111111

第二章 数字游戏

123456×9+7=1111111

43. 在平静的水面上走1千米需要1分36秒。

44. 将102改为10的2次方。

45. 这筐苹果共有84个。根据已知条件，小班每位小朋友分4个苹果，在正常情况下，全班到齐了，每个小朋友手里都拿到苹果，最后筐里还剩4个。现在设想在分苹果那天，小班有两位小朋友请假，那么这一天小班人数就和大班人数一样多了。这样小班里有两位小朋友不在场，如果也没有人帮他们代领，就有8个苹果发不出去，最后筐里将会剩下12个。由此可见，如果这筐苹果给大班每人分4个，就会多余12个。又知道给大班每人分5个时，还缺6个。所以大班的人数是：（12+6）÷（5-4）=18（人）。这筐苹果的个数是：5×18-6=84（个）

46. 48。

47. 3。

48. 27。（4÷2+5-4）×9=27

49.

9	6	2	3	1	8	4	7	5
7	4	1	9	5	2	6	3	8
8	3	5	6	7	4	9	1	2
5	1	3	8	9	6	7	2	4
4	9	6	5	2	7	1	8	3
2	7	8	4	3	1	5	9	6
6	2	9	7	4	9	3	5	1
3	7	4	1	8	5	2	6	9
1	5	9	2	6	3	8	4	7

50. 从题中看，其变化规律是加2、

第二章 数字游戏

减1，加4、减2，加8、减4，加16、减8，由此知道24后面的数字应该是16。

51. （1）（3+3）÷3－3÷3=1

（2）3×3÷3－3÷3=2

（3）3×3÷3+3－3=3

（4）（3+3+3+3）÷3=4

（5）3÷3+3+3÷3=5

（6）3×3+3－3－3=6

（7）3×3－（3+3）÷3=7

（8）3+3+3－3÷3=8

（9）3×3÷3+3+3=9

（10）3+3+3+3÷3=10

52. （6+7+11）÷3×2+5－12=9

53. A：500，1000。规律是交替乘以5和乘以2。

B：203。规律是各数字依次乘以3再减去1，或者也可以看作是+5，+15（5×3），+45（15×3），+135（45×3）。

54. 6。

55. 72。

56. 18。

57. 这个问题已经存在很久了，数学家们也已经找到了好几种答案，我们给出的答案只是其中的一种，你可以尝试更多的可能性。

1+2+3－4+5+6+78+9=100

58. 9。

59. 20。

60. 应填入8。5个相同的数加起来个位上得0的话，肯定是偶数，

第二章 数字游戏

所以能填进圆里的只有2、4、6、8，然后再从这几个里面找出适合条件的就可以了。

61. 应填入●。公式为：（右×左－上）×圆圈紫红色部分=下。

62. 8。

63. A=5，B=4，C=15。

64. 32。

65. 1234、4；12345、5；123456、6；1234567、7；12345678、8；123456789、9。

66.

D	3
F	7

67. 77。

68. 16。

69. 9的9次方的9次方。

70. 问号=39。钩=6，星=9，叉=3，圈=24。

71.

		2
9		7
4	8	3

72. 21×58＝1218

81×23＝1863

79×43＝3397

73. 加上辅助线不难看出，这4个三角板的斜边都等于半径，即长30cm。

第二章 数字游戏

74.

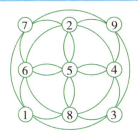

75. 6218。圆中其他数字都有与其对应的数字，如：7432→168（7×4×3×2＝168）；6198→432；4378→672；9431→108。

76. 92。

77. D。通过观察可以看出第一项和第三项个位数相加为10，第二项和第四项个位数相加为10，则482+18再加上63+37得600。所以选D。

78. 问号处数字为21。其中的规律为：1+2＝3;3+4＝7;7+6＝13;13+8＝21。

79.

3	4	2	1
1	2	4	3
4	3	1	2
2	1	3	4

80. 1－（2－3+4－5）+6＝9

81.

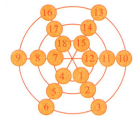

82. 20。

83. 1×2+3×4+5×6+7+8－9＝50
1+2+（3+4）×5+6+7+8－9＝50
123－4×5×6+7×8－9＝50

84. 8天。蚂蚁一天只能向上爬1米，本应爬10天才能够爬到墙头，但第8天它向上爬3米时就到墙头了。

85. 一根也没有，果园里没有玉米。

86. A。只把最后一位数相加即可，即7+2+6+5＝0。

87. 1分钟后。

88. 这个三位数是504。也许刚刚看见这道题会觉得很混乱，不知道如何解。慢慢想一想，结合题意再看的话，你会发现，其实这只是一道简单的乘法题。因为这个三位数既能被7整除，又能被8整除，又能被9整除，说明它是7、8、9的公倍数。所以，这个数是7×8×9＝504。

89. A＝5。

90. 任何数。这个奇妙的组合算出来的数，遮住后面的"00"，得到的永远是最初的数。

第三章 趣味文字

1. A. 胖 B. 晶 C. 日 D. 柏。

2. 各添一个"口"字，成为
"日""旦""亘""吾"
"电""舌"6个字。

3. 月

4. 分别是
"口""日""目""田"
"吾（或唱）""晶"
"叱""只""曹""叶"。

5.

6. 加笔画组新字：开、支、井、
斗、中、升、午、计、牛、
什、木、王、车。

7. 添笔画成新字：天、夫、从、火、
介、太、犬、仑、欠、认、木、
以、今、仓、仄、尺。

8. 毕、协、男、町、甸、枝、周、
舍、妓、果、洼、鸪、真、略。

9. 取电文每个字的上半部分，即
为：五人八日去九龙取金。

10.

夫	井	开	王
丰	毛	牛	手
天	午	五	元
云	月	仁	无

第三章 趣味文字

11. 闭、阔、问、间、闹、门、
闯、闽、闰、闺、闻、阅。

12. ①旧，②出，③穷，④阅，
⑤铁，⑥恩。

13. 春天：莺歌燕舞　　鸟语花香
夏天：骄阳似火　　烈日炎炎
秋天：天高云淡　　五谷丰登
冬天：天寒地冻　　白雪皑皑

14. 生命在于运动。

15. 横向：1.似是故人来；2.灭绝
师太；3.读者；4.血疑；5.哈
哈镜；6.不能说的秘密；7.瓜
皮帽；8.逗你玩；9.黄河大合
唱；10.兰蔻；11.孙二娘；
12.皇家马德里。

纵向：一、炎黄子孙；二、爱
是怀疑；三、不想长大；四、
人工智能；五、合肥；六、后
来；七、说学逗唱；八、毁灭
者；九、玩偶之家；十、哈密
瓜；十一、厨师；十二、兰帕
德；十三、太阳镜。

16. 农民第一次去掉的是"此地"，
第二次去掉的是"西瓜"，第
三次去掉的是"出"，最后只
剩下了一个"卖"字。

17. 横向：1.新陈代谢；2.十年；
3.故国三千里；4.眼前一亮；

169

5.一清二白；6.贾宝玉；7.快活林；8.清平乐。

纵向：一、一吐为快；二、陈宝国；三、三心二意；四、千里眼；五、费玉清；六、十年磨一剑；七、交响乐。

18. 横向：1.南京路；2.发如雪；3.天仙配；4.风烟望五津；5.陈羽凡；6.神算子；7.大国医；8.登鹳雀楼；9.杨千嬅；10.路易港；11.咏乐汇；12.企鹅；13.率马以骥；14.美联社。

纵向：一、登喜路；二、京华烟云；三、易建联；四、五角大楼；五、天津；六、咏鹅；七、神医喜来乐；八、发配；九、汇率；十、陈子昂；十一、一千年以后；十二、阿凡提。

19. 一手遮（天）昏地（暗）无天（日）久天（长）驱直（入）不敷（出）生入（死）不瞑（目）中无（人）尽其（才）疏志（大）打出（手）足之（情）急智（生）龙活（虎）落平（川）

20. 横向：1.乐不思蜀；2.最美；3.山口百惠；4.屈臣氏；5.赵

传；6.守株待兔；7.恭喜发财；8.司马相如；9.奴隶；10.书呆子；11.名不见经传；12.基辛格；13.埃及；14.金鸡奖。

纵向：一、太委屈；二、风马牛不相及；三、乐百氏；四、杨恭如；五、遗传基因；六、蜀山传；七、守财奴；八、艾格；九、隶书；十、最惠国待遇；十一、呆若木鸡；十二、骡子。

21. 出生入（死）心塌（地）大物（博）大精（深）入浅出
大难临（头）头是（道）西说（东）窗事（发）扬光大

22. 后来居（上）天入（地）利人（和）盘托（出）其不（意）气用（事）在人（为）人师（表）里如（一）穷二（白）头偕（老）羞成（怒）气冲（天）府之（国）计民（生）搬硬（套）

23. 狗坐轿子——不识抬举
一二五——丢三落四
愚公的房子——开门见山
下地不穿鞋——脚踏实地
射箭没靶子——无的放矢

第三章 趣味文字

24. 风雨交加　分秒必争
反复无常　对答如流
多愁善感　喋喋不休
出人头地　持之以恒
沉默寡言　草长莺飞
不言而喻　别出心裁

25. 七擒七纵　有勇有谋
民脂民膏　相辅相成
自轻自贱　无影无踪
现世现报　天兵天将
离心离德　束手束脚
戒骄戒躁　若即若离
群策群力

26. 水深火（热）血沸（腾）云驾
（雾）里看（花）天洒（地）
大物（博）学多（闻）鸡起舞
忍气吞（声）威大（震）天动
（地）动山（摇）尾乞（怜）
香惜（玉）洁冰（清）歌妙舞

27. 早晨：旭日东升　雄鸡报晓
中午：艳阳高照　骄阳似火
傍晚：日薄西山　华灯初上
夜晚：月明星稀　万籁俱寂

28.

29. （零）敲碎打+（一）丝不苟=

第三章 趣味文字

（一）箭双雕
（一）鸣惊人+（一）本正经
=（两）全其美
（二）龙戏珠+（一）毛不拔
=（三）思而行
（三）顾茅庐+（一）步登天
=（四）海为家
（四）面楚歌+（一）无所有
=（五）花八门
（五）湖四海+（一）触即发
=（六）亲不认
（六）神无主+（一）意孤行
=（七）零八落
（七）窍生烟+（一）举成名
=（八）面玲珑
（八）仙过海+（一）气呵成
=（九）牛一毛
（八）面威风+（一）臂之力
=（九）霄云外
（九）霄云外+（一）望无际
=（十）万火急
（两）败俱伤×（四）大皆空
=胡说（八）道
（五）彩缤纷+（一）毛不拔=
（六）神无主

30. （七）窍生烟-（六）畜兴旺=
（一）潭死水
（三）缄其口×（三）足鼎立
=（九）世之仇

（五）体投地+（一）叶知秋=
（六）亲无靠

（一）针见血+（三）顾茅庐=
（四）海升平

（七）步成诗−（六）亲不认=
（一）事无成

（三）生有幸+（五）谷丰登=
（八）方呼应

（四）大皆空×（一）言为定
=（四）脚朝天

（万）劫不复÷（千）钧重负
=（十）年寒窗

名扬（四）海+如出（一）辙=
目迷（五）色

（九）牛（一）毛+（一）言
（九）鼎=（十）全（十）美

31. 雄心壮志——志士仁人——人
山人海——海底捞月——月下
老人

32. 《兵临城下》《元帅之死》。

33. 无中生有、急中生智。

34. 1.心猿意马、马到成功、功败
垂成、成千上万、万众一心。

2.一无所有、有口无心、心口
如一。

3.人定胜天、天下太平、平易
近人。

35. 赵明诚的诗是：秋江楚雁宿沙
洲，雁宿沙洲浅水流。流水浅

洲沙宿雁，洲沙宿雁楚江秋。
李清照的诗是：香莲碧水动风
凉，水动风凉夏日长。长日夏
凉风动水，凉风动水碧莲香。

36. （文）中有戏（戏）中有文识
（文）者看（戏）不识（戏）
者看（文）；
音里藏（调）调里藏（音）懂
（音）者听（调）不懂（调）
者听（音）。

37. 这首回环诗每句由7个相邻的
字组成，要把圆圈上的字按顺
时针方向连读。第一句从圆圈
下部偏左的"赏"字开始读；
然后沿着圆圈顺时针方向跳过
两个字，从"去"字开始读第
二句；再沿圆圈顺时针方向跳
过三个字，从"酒"字开始读
第三句；接着跳过两个字，从
"醒"字开始读第四句。四句
连读，就是一首好诗：
赏花归去马如飞，
去马如飞酒力微。
酒力微醒时已暮，
醒时已暮赏花归。

38. 从右边读，由上而下，读时像
是走"之"字一样来回旋转，
右边读完，再旋转到左边，由
下而上地读。
其诗句为：山山远隔半山塘，

第四章 逻辑与推理

心乐归山世已忘。楼阁拥山疑阆苑，村庄作画实沧浪。渔歌侑醉新丝竹，禅榻留题旧庙堂。山近苏城三四里，山峰千百映山光。

----

1. 完全有可能。猫咪的生日是12月31日，"今天"是1月1日，两天前也就是上一年的12月29日它2岁，"今天"3岁，"今年"的12月31日过生日时它4岁，而"明年"它过生日时将是5岁。

2. 天平不会保持平衡，会向溶液那边倾斜。

3. 小偷可能是店里的售货员，他偷走了钻石，并用钻石划开了玻璃。他这样做的目的就是为了转移别人的视线，让人认为是外面的人做的。

4. D。

5. 把船靠在岸边，让桥上的一些人上船，这样船就会下沉几厘米，也就可以通过桥洞了。

6. MH。由AZ开始，沿顺时针方向，跳至相隔的栏内。第一个字母由A开始，每次跳至与其相隔为1的字母；第二个字母由Z开始，每次跳至按字母表倒序排列的与之相隔为2的字母。

7. 20+10+5+2+1+1+1=40（瓶）。

8. C。

9. C。

第四章 逻辑与推理

10. 通过观察可知，图（1）经过上下翻转后可得图（2），那么图（3）经过上下翻转后为图形B。

11. B。观察原图立方体的左侧面的图案，即可排除A、D两个选项。观察立方体原图的顶面，则又可以排除C选项。

12. C。

13. E。每行前两个方框中的圆圈数相加，得到第三个方框中的圆圈数；每列上两个方框中的圆圈数相减，得到第三个方框中的圆圈数。

14. B。

15. 最多的次数为：10+9+8+7+6+5+4+3+2=54。最后一个门不需要试就可以判定。

16. 如图：

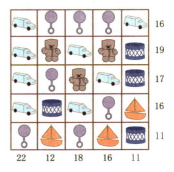

17. 不能，最后仍是兔子先到达。

18. 图4。

第四章 逻辑与推理

19. 如图：

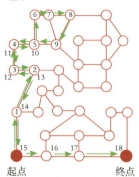

起点　　　　　　　终点

20. 他们正在一座很长的桥上工作，并且路轨旁边没有多余的空间。火车到来时，他们离大桥的一端已经很近了。所以他们跑到大桥这一端，然后跳到路边去。

21.

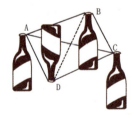

22. 小明有7只羊，小牛有5只羊。

23. 乔的生日是12月31号，老人是在1月1号问他的。

24. 嫌疑犯说他是在东西流向的河南岸坐着，即他是面朝北的。在北纬29°线以北，可以看到月亮和太阳一样在天空南部东升西落。如果他面朝北，是看不见月亮在河水中的倒影的。

25. 是丁偷的。

第四章 逻辑与推理

26. 18。

27. 将胳膊相互缠绕交叉后，双手各拿绳子的一端，然后将交叉的两条胳膊伸展开，就可以在绳子上打个结。

28. C 医院。

29. 将这两块铁皮板放在天平两边称一称即可。

30. 以一定距离斜视这幅图。

31. 凶手是猫。梅思和汤米是两条鱼，猫打破鱼缸，咬死了梅思和汤米。

32. 每一行数字就是对上一行数字的描述，所以最后一行应该是3 1131211113 1221。

33. 因为4年后小白长大了，步子也大了，而箱子却没动。所以小白只需要小步走10步就可以挖到小木箱了。

34. C和E。

35. D。

36. A。

37. B。

38. 是A，每种图形都按照各自固定的顺序转动。

39. 这里的高度是海拔1500米，但直升机离地面很近，所以人跳下来没事。

40. 如图：

第四章 逻辑与推理

41. 一杯咖啡。

42. E和O。

43. 起点是左上角的格子4↓。那些未走过的方格呈现的数字为34，建议倒过来从终点找起。

44.

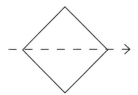

45.

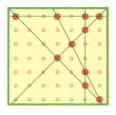

46. 只有唯一的一个答案：6只篮子中装的橘子数分别是60、16、6、6、6、6。要保证把100个橘子分装在6只篮子里，不多不少，100的个位是0，所以6个数的个位不能都是6，只能有5个6，即6×5=30；又因为6个数的十位上的数字和不能大于10，所以十位上最多有一个6；而个位照上面的分法已占去30个橘子了，所以目前十位上的数字和不能大于7，也只能有一个6，就是60个橘子。这样十位上还差1，把它补进去就是一个16，即：60、16、6、6、6、6。

47. 将第一枚棋子放在棋盘的正中

第四章 逻辑与推理

间，也就是围棋盘的天元上，此后无论对方在中心点之外选取哪一个点放棋子，你都可以以中心点为对称点，找到另一个对称点。这样，只要对方能找到棋子的放置位置，你同样也能找到相应的放置位置。因此，你必能获胜。

48. 最后两块小片没有遵循规则。

49. 星期六。通过观察仅存的几个数字可知，日期每隔7天就循环一次，所以2/9/16/23/30/均为一个星期中的同一天，即星期天，故该月1号为星期六。

50. 滑轮E将按顺时针方向旋转。

51. 如图：

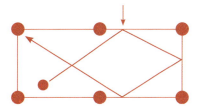

52. B。4个方形中的图形数应当是从A到D递减的，而B的图形数却增加了，所以B是错误的。

53. 接下去的数是21。后面一个数字是前面两个数字之和。数列中越靠后的连续两项之比就越接近著名的黄金比例，即1∶1.618。

54. E。每行和每列中的菱形都依次沿逆时针方向旋转45°。

55. 他们的年龄分别是17岁、28岁、39岁和43岁。

56. 这是一个后发制胜的游戏。谁先开局谁必输。如果你的对手稍微聪明一点儿，就不会在你先取1枚后，他取4枚，最后出现他输的局面。

57. 该作家生于1814年，死于1841年。

58. 设旧号码是ABCD，那么新号码是DCBA。已知新号码是旧号码的4倍，所以A必须是个不大于2的偶数，即A等于2；4×D的个位数若要为2，D只能是3或8，所以只要满足：

4（1000×A+100×B+10×C+D）=1000×D+100×C+10×B+A。

经计算可得D是8，C是7，B是1，所以新号码是8712。

59. 会。如果第一次考试的成绩排名是：甲、乙、丙、丁；第二次是：乙、丙、丁、甲；第三次是：丙、丁、甲、乙；第四次是：丁、甲、乙、丙。那么，甲比乙成绩高的3次是第一、三、四次；乙比丙成绩高的3次是第一、二、四次；丙比丁成绩高的是第一、二、三次；丁比甲高的是第二、三、四次。

60. 这个大臣想的办法是：在第一个使臣的黄金箱拿1块，第二个拿2块，第三个拿3块……第十个拿10块，都放在秤盘上，用秤一称，如果缺5钱，就是第五个使臣贪污了黄金。因为从他那拿的是5块，每块少1钱，所以是5钱。如果是第一个使臣拿的，因为只拿了他一块黄金，所以就少1钱。

61. 当然有可能发生啦！比如，你的车在途中抛锚了，停了一段时间，等车修好后，你为了赶上你的朋友，当然就超车了。这时，你的车虽然没有超越你的朋友的车，却超过了其他的车。

62. 将数字"550971051"倒过来看就是"isoilboss"，凶手是油店老板。

63. 到达地面的时间是一样的，因为重力加速度与水平速度无关。

64. 数得一样多。

65. 无论翻多少次都不可能。

66. 抢救离窗子最近的那幅。

67. 这是错误的。因为大多数汽车都是中速行驶的，而高速行驶的汽车很少，所以事故相对少些。

第四章 逻辑与推理

68. 船会向后退，离开岸边。

69. 2点12分。

70. 按1:1的比例分发酬劳，因为他们都画了5幅。

71. 我们不妨先假设两组右手和两组左手都握得很好，但剩下的一只左手和一只右手就握不好了。

72. A

73. 先扔的人赢的概率为2/3，后扔的人赢的概率为1/3。

74. B。

75. 假设原来车牌上的数字为ABCDE，倒看车牌是PQRST。计算时需要注意的是倒装以后数字的顺序，A倒着看为T，B则为S，以此类推。在阿拉伯数字中只有0、1、6、8、9这五个数可以倒看，因此可以推断出车牌是10968。

76. B。最外层的弧形顺时针旋转90°，中间的弧形顺时针旋转180°，内层的弧形逆时针旋转90°。

77. 5个，如图：

78. 7。每行中间的数字等于左边

第四章 逻辑与推理

两数字之差加上右边两数字之差。

79. 能，如图：

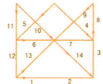

80. A。

81. 如图：

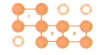

82. 12号出口。

83. 能，如图：

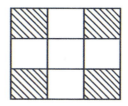

84. 安丁受伤了。

85. E。

86. 这个家庭中有4男3女，其中甲、乙、戊、庚为男，丙、丁、己为女。

87. 3只猫。

88. D。予：8，页：3，木：2，彡：6。

89. 前=2；后=8；左=1；右=7。

90. 不要开枪。

91. 丙猜对了，老杨的存款不到100元。